머리말

Учебное пособие предназначено как для студентов, изучающих русский язык в учебной аудитории и вне ее, так и для широкого круга лиц, проявляющих живой интерес к разным сторонам жизни современного российского общества и самостоятельно пополняющих свои знания в русском языке.

Пособие рассчитано на учащихся продвинутого уровня владения русским языком как иностранным. Учебное пособие способствует подготовке к сертификационным экзаменам по русскому языку (TRFL1, TRFL2, FLEX), развивая навыки чтения, говорения и аудирования.

Обучение коммуникации на русском языке осуществляется на основе текстового материала, взятого из современных российских СМИ. Авторы используют статьи из газет, журналов и интернета в сокращенном, неадаптированном виде с указанием источника материала.

Пособие состоит из 20 уроков, тематика которых отличается разнообразием и отвечает интересам изучающих русский язык.

Последовательность уроков не имеет строгой закрепленности и может варьироваться в зависимости от намерений преподавателя и студента, а также от условий и задач обучения.

Каждый урок включает два раздела: «Почитаем» и «Практика». Первый раздел состоит из двух статей, словарей и заданий к ним. В разделе «Практика» авторы приводят ряд конструкций, владение которыми способствует ведению успешной коммуникации на русском языке.

Пособие включает учебник и аудиоприложение.

이 책은 현대 러시아어의 각 분야에 대해 대중매체의 기사들을 통해 생생한 언어 학습 및 정보를 접하고 러시아어에 대한 지속적인 자기발전을 위해 노력하는 러시아어 중급 이상의 수준을 갖춘 학습자들을 위하여 만든 교재입니다. 대중매체 언어를 통해 광범위한 정보 전달 뿐만 아니라 기본 문법실력을 바탕으로 하여 읽기, 듣기, 말하기, 쓰기 등의 능력을 실용적으로 학습하고 사용할 수 있도록 구성하였습니다. 교재 속의 본문들은 러시아 신문기사, 인터넷기사, 뉴스기사 등에서 최신 기사들을 중심으로 다양한 매체들에서 선별하여 다양한 언어 표현 유형들을 접해 볼 수 있도록 하였습니다. 그리하여 이 교재는 러시아어 교육자와 함께 수업교재로 혹은 학습자 스스로 자기 실력 향상을 위한 독학 교재로도 충분히 이용할 수 있습니다.

교재 내용은 대중매체 기사들에서 볼 수 있는 다양한 주제별로 선별하여 다양하게 러시아어를 학습할 수 있도록 20과로 이루어져 있으며, 해답편과 부록으로 각 기사에 대한 내용요약을 담았습니다. 19과까지는 신문기사 및 인터넷기사에서 각 주제별로 선별된 내용들이며, 20과는 몇 개의 뉴스기사들로 이루어져 있습니다. 내용의 순서는 일반적으로 신문에서 볼 수 있는 순서대로 구성되어 있으나, 각 과의 순서대로 학습해도 좋고, 또는 각 과의 순서에 부담을 갖지 말고 학습자의 관심 분야에 따라, 혹은 교육자의 의도에 따라 주제를 선택해서 학습을 하셔도 좋습니다. 모든 과는 크게 기사 읽기 부분과 실용부분으로 나뉜다고 할 수 있습니다. 각 과에는 주제에 따른 기사 본문이 2개씩 제시되어 있으며, 본문들 뒤에는 단어 및 표현들, 연습문제가 있습니다. 모든 과의 맨 뒷부분에는 러시아어 공식적인 쓰기 및 말하기 표현에서 필수적으로 알아야 할 표현들을 소개하고 이에 대한 연습문제들을 제시해 두어 대중매체 기사들을 통해 문어체 형태의 러시아어 표현들을 익힐 뿐 아니라 직접 응용해 볼 수 있도록 하였습니다.

기본 문법 실력을 바탕으로 본 교재에서 제시하는 다양한 정보를 러시아어로 충분히 익힘으로써 좀 더 향상된 전 분야에 대한 러시아인들의 언어 표현과 언어 에티켓을 배울 수 있을 뿐만 아니라 학습자로 하여금 다각도에서 러시아어 실력 향상에 실질적인 도움을 주고자 하였습니다.

마지막으로 교재를 마무리해주신 권순철 선생님, 출판을 허락해주시고 아낌없는 지원과 격려를 해주신 GS인터비전 출판사의 송기수 사장님과 편집부 선생님들께 감사의 인사를 전합니다.

2013. 7월.
저자 일동.

차 례

1 Урок

Международные отношения: Россия и мир

ПОЧИТАЕМ

СТАТЬЯ 1

G8: экономическая ситуация в России благоприятна

В совместном коммюнике лидеров стран G8 отмечается, что финансовое положение России благоприятно, но негативное влияние на экономику связано с нестабильностью цен на сырье и слабый рост мирового ВВП.

"В России низкий уровень безработицы, она находится в благоприятном финансовом положении, однако медленный рост мировой экономики и нестабильные цены на сырьевые товары будут оказывать негативное влияние", - говорится в коммюнике.

Президент России Владимир Путин в свою очередь заявил о том, что Россия и США планируют запустить новый механизм сотрудничества в экономической сфере.

"Начали с экономики, говорили обстоятельно, договорились запустить новый механизм сотрудничества в этой сфере, в том числе на уровне председателя правительства РФ и вице-президента США", - сказал он по итогам переговоров с президентом США Бараком Обамой.

При этом сами лидеры стран с крупнейшей экономикой заявили, что борьба с безработицей остается основным приоритетом.

В итоговом коммюнике говорится, что рост мировой экономики все еще слаб, а прогнозы для некоторых регионов ухудшились по сравнению с прошлым годом.

"Рост мировой экономики остается слабым, несмотря на то что

риски сократились благодаря серьезным политическим мерам в США, Евросоюзе и Японии, а также большей стабильности рынков развивающихся и переходных экономик. Большинство финансовых рынков продемонстрировали рост, - отмечается в сообщении. - Однако этот оптимизм не может распространяться на состояние экономик и ситуацию с занятостью в развитых странах мира. В реальности прогнозы роста ухудшились для некоторых регионов по сравнению с теми, которые давались на саммите в Кэмп-Дэвиде".

G8 планирует продолжить стимулирование устойчивого восстановления экономики, а также совмещать поддержку внутреннего спроса со структурными реформами. Лидеры подтвердили приверженность снижению дисбаланса мировой экономики, а в среднесрочной перспективе приоритетом должно стать восстановление бюджетной стабильности.

Вести
18 июня 2013

СЛОВА И ВЫРАЖЕНИЯ

коммюнике́	(정치·외교)공문서, 성명서	прогно́з	예측, 예언
фина́нсовый	재정(상)의, 재무의	регио́н	지방
благоприя́тный	형편이 좋은, 호의가 있는	уху́дшиться	악화·손상시키다
негати́вный	부정의, 반대의	риск	위험, 모험
стаби́льность	안정, 공고	сократи́ться	감소, 생략하다
сырьё	원료	стимули́рование	활동촉진
безрабо́тица	실업	ме́ра	수단, 방책
запусти́ть	등한시하다, 방치하다	развива́ющийся	발달·진전하는
механи́зм	기구, 장치	перехо́дный	과도적인
сотру́дничество	공동, 협력	оптими́зм	낙관론, 낙천주의
сфе́ра	범위, 권	распространя́ться	확장·유포되다
обстоя́тельно	신중하게, 정확하게	состоя́ние	상태, 상황, 정세
договори́ться	약속·협정하다	за́нятость	고용
председа́тель	의장, 위원장	бюдже́тный	수지예산의
прави́тельство	정부, 내각	дисбала́нс	불균형
борьба́	투쟁	перспекти́ва	조망, 전망
приорите́т	우선, 우월권	приве́рженность	전념, 충실
са́ммит	정상회담	среднесро́чный	중기한적으로
продемонстри́ровать	설명·공개하다	восстановле́ние	회복, 부흥, 복귀

ва́ловый вну́тренний проду́кт(ВВП)	국내 총생산(GDP)
В коммюнике́ отмеча́ется, что...	성명서에서는 ~라고 언급하고 있다.
В коммюнике́ говори́тся, что...	성명서에서는 ~라고 말하고 있다.
В сообще́нии отмеча́ется, что...	보도에서는 ~라고 말하고 있다.
в том числе́	그 수 속에, 그 속에 포함되어
в свою́ о́чередь	이번에는 자기 쪽에서, 이번에는 거꾸로
по сравне́нию с чем? с кем?	~와 비교하여
Ли́деры подтверди́ли, что...	지도자들은 ~을 확인했다.
G8 плани́рует продо́лжить	G8은 ~을 제안하기로 계획하고 있다.
по ито́гам перегово́ров с кем?	~와의 회담 결과에 따라

ЗАДАНИЯ

Выполните тест

1. Негативное влияние на экономику России связано с...

А) с экономическим кризисом
Б) с нестабильными ценами на сырье и низким уровнем ВВП
В) с неэффективной политикой

2. Россия и США планируют...

А) сотрудничать в экономической сфере
Б) сотрудничать в сфере культуры
В) запустить новый механизм совместной работы в области новых технологий

3. Основной приоритет - это...

А) борьба с низким уровнем ВВП
Б) создание новых законов
В) борьба с безработицей

4. "Большая восьмерка" планирует

А) продолжать вести активные переговоры
Б) продолжать активную работу по восстановлению экономики
В) продолжать участвовать на экономических форумах

5. Общая экономическая ситуация в России...

А) благоприятная
Б) сложная
В) нестабильная

6. В коммюнике говорится о мировой экономике, что...

А) экономика очень развита
Б) ее уровень все еще слаб
В) экономика терпит кризис

Вопросы к тексту

А. Ответьте на вопросы.

1. Как называется статья?
2. Где она вышла?
3. Когда была издана эта статья?
4. О чем рассказывает эта статья?
5. Что такое G8?
6. Какие страны входят в эту организацию?
7. Что было сказано о мировой экономике на форуме?
8. Что думают лидеры стран G8 о российской экономике?
9. Что является приоритетом для стран "Большой Восьмерки"?
10. В какой области пранируют сотрудничать Россия и США?

Б. Составьте письменный пересказ статьи. Выразите ваше отношение к проблеме

В. Выполните перевод содержания статьи на корейский язык.

СТАТЬЯ 2

Путин объяснил, чем G20 эффективнее G8

В Санкт-Петербурге стартовал международный экономический форум. Крупнейшие бизнесмены и чиновники дискутировали, как развивать экономику, заключали контракты.

На встрече с вице-премьером Китая российский президент отметил, что подготовлен контракт с "Роснефтью".

- Поставки в Китай ожидаются в объемах, которые рассчитываются из более чем сотен миллионов тонн нефти. Всё это в долларовом эквиваленте - более чем $60 млрд, - сообщил Путин.

По итогам встречи представители деловых кругов передали президенту рекомендации лидерам G20.

- Картинка хорошая (на папке. - "Известия"): разведенные мосты - это символ Петербурга. Но нам с вами нужно думать о том, как эти мосты свести, имея в виду те проблемы, которые стоят перед мировой экономикой и перед странами "двадцатки", потому что самое главное - снять барьеры и для инвестиций, и для торговли. А мировая торговля тоже проседает, и мы это чувствуем, - добавил он.

После этого Владимир Путин встретился с представителями молодежной "двадцатки". Их рекомендации лидерам президент счел даже более обстоятельными, чем предложения маститых бизнесменов, однако несколько задиристыми.

Путин разделил озабоченность молодых политиков по поводу

эффективности и беспристрастности рейтинговых агентств, которые в основном представлены американскими компаниями. Говоря о проблемах развивающихся стран, Владимир Путин заметил, что экономику Китая вполне можно назвать развитой. Однако китайцы, по его словам, народ умный и хитрый, и живут по принципу "лучше не высовываться". Называя свою экономику развивающейся, они выторговывают себе различные льготы.

Объяснил Путин и необходимость помощи слабым экономикам в ЕС - это как в России, когда федеральный центр субсидирует слабые регионы.

- То же самое приходится делать в ЕС. Но мне кажется, не надо сопротивляться, иначе не надо было эти страны приглашать в единую команду, - заметил он.

Представитель Германии поинтересовался мнением Владимира Путина, который только что вернулся с саммита G8 в Великобритании, по поводу будущего группы "восьми", не считает ли он нужным расширять эту организацию.

Президент назвал "восьмерку" удобной площадкой для согласования позиций развитых экономик.

- Но важно, - тут Путин заметил, что хочет сформулировать мысль так, чтобы никого не обидеть, - важно, чтобы разные мнения звучали, а не доминировало одно. И не принимались бы решения на основе одного мнения, как это делалось на съездах Соцпартии Германии и ЦК Компартии Советского Союза. Важно, чтобы это была демократическая площадка, чтобы там все друг друга слушали, дискутировали без обид и предвзятостей и вырабатывали единые подходы.

- В целом площадка неплохая, востребованная, но современным реалиям, конечно, отвечает такая более расширенная платформа для принятия решений, как "двадцатка", - выразил мнение российский президент.

По его словам, без таких стран, как Китай, Индия, Мексика, Бразилия трудно принять согласованное решение, которому бы следовали все игроки мировой экономики.

Вечером же Владимир Путин встретился с крупными бизнесменами и экспертами. Президент России честно признался, что торопится на эту встречу.

- А то приступят к русской икре и водке, и разговор совсем не получится, - пошутил он на встрече с молодыми политиками.

Александр Юнашев

Известия, 20 июня 2013 года

СЛОВА И ВЫРАЖЕНИЯ

стартова́ть	출발·시작하다	высо́вываться	모습을 보이다
фо́рум	포럼, 공공장소	федера́льный	연방의, 연합의
чино́вник	관리	субсиди́ровать	보조금을 주다
дискути́ровать	논쟁·토론·토의하다	выторго́вывать	값을 깎다, ~로 이익을 얻다
беспристра́стность	편파, 불공평이 없는	домини́ровать	주권을 쥐다, 지배·통치하다
контра́кт	계약서	сопротивля́ться	저항·반항하다
поста́вка	납품, 공급	рассчи́тываться	계산·고려하다
ожида́ться	기다리다	аге́нтство	대리점, 취급점
представи́тель	대표자, 일원	разведённый	갈라진, 분리된
рекоменда́ция	추천, 권고	расширя́ть	넓히다, 확대하다
барье́р	장애물	предвзя́тость	예상, 선입견, 편견
инвести́ция	투자금	площа́дка	지면, 대지, 장소
торго́вля	상업	согласова́ние	합의, 일견일치
масти́тый	일반의 존경을 받는	оби́деть	화나게 하다, 무례하게 하다
зади́ристый	자만심이 센	съезд	집합, 집회, 대회
озабо́ченность	근심, 걱정	демократи́ческий	민주주의의
реа́лия	현실, 실제	заключа́ть	(조약 등을)체결하다, 결론짓다
ре́йтинговый	등급의	льго́та	(납세·기타 의무의)면제, 특혜

на встре́че с кем?	~와의 만남(회견)에서
в до́лларовом эквивале́нте	달러 기준에서
по ито́гам встре́чи	회견 결과에 따라
деловы́е круги́	비즈니스 커뮤니티
счита́ть ну́жным	필요하다고 생각하다
жить по при́нципу	원칙에 따라 살다
име́ть в виду́ что?	~을 고려하다, 염두에 두다
сформули́ровать мысль	사고를 형성하다
Он доба́вил, что...	그는 ~을 추가했다
по по́воду кого? чего?	~에 대해서, ~에 관해서

ЗАДАНИЯ

Выполните тест

1. Члены форума G20 обсуждали...

А) вопросы экономики
Б) социальные вопросы
В) вопросы экологии

2. Главная цель форума "Большой Двадцатки", по словам Путина

А) решить проблемы экономики Китая
Б) снять барьеры для инвестиций и для торговли
В) свести мосты Петербурга

3. По мнению президента России, экономика Китая...

А) развитая и эффективная
Б) развивающаяся и отсталая
В) только кажется развивающейся, чтобы получить различные льготы

4. Путин прокомментировал, что...

А) надо помогать слабым экономикам
Б) надо исключать слабые страны из Евросоюза
В) надо не давать им субсидии

5. Владимир Путин считает G8...

А) узкой политической площадкой
Б) благоприятным обществом, решаюшим экономические вопросы
В) хорошей площадкой для обсуждения экономических вопросов развитых стран

6. Путин считает G20

А) широким полем
Б) более эффективной площадкой, чем G8
В) малоэффективной организацией

Вопросы к тексту

А. Ответьте на вопросы.

1. Как называется статья?
2. Где она вышла?
3. Когда была издана эта статья?
4. Как зовут ее автора?
5. О каком событии рассказывает эта статья?
6. Что представляет собой G20?
7. Где проходил форум G20?
8. Какие вопросы обсуждали в ходе форума?
9. С кем встречался президент России?
10. Что Владимир Путин думает о G8, G20, слабых экономиках Евросоюза, об экономике Китая?

Б. Составьте письменный пересказ статьи. Выразите ваше отношение к проблеме.

В. Выполните перевод содержания статьи на корейский язык.

ПРАКТИКА

☆ 단문에서 '원인'을 나타내는 표현들(1)

в результате + *чего* (생격)	
в результате	голосования переговоров улучшения

❑ **В результате** переговоров был подписан договор о сотрудничестве.

❑ **В результате** взрыва бомбы погибло два человека.

в связи с + *чем* (조격)	
в связи с	предстоящими выборами предстоящим отъездом победой

❑ **В связи с** предстоящими выборами партии начали предвыборную кампанию.

❑ Правительственная делегация Франции находится в Вашинтоне **в связи с** переговорами.

благодаря + *чему* (여격)	
благодаря	поддержке помоши деятельности

❑ **Благодаря** продуманной налоговой политике курс национальной валюты стабилизировался.

❑ Эта партия одержала победу на выборах **благодаря** щирокой поддержке профсоюзов.

Упражнения

А. Переведите фразы на русский язык, используя следующие выражения.

в результате	в связи с	благодаря

1. 확인해본 결과 두 명의 승객에게는 티켓이 없었다는 것이 밝혀졌다.

2. 새로운 사회 프로그램들을 도입한 덕분에 정부는 연금수령자들을 도울 수 있게 되었다.

3. 포럼을 개최한 것과 관련하여 외국 손님들이 왔다.

4. 선거 결과 새로운 정당의 후보자가 승리했다.

5. 책임자의 활동 덕분에 회사가 위기에서 벗어나게 되었다.

Б. Переведите следующие фразы на русский язык.

1. 러시아에서 경제 상황은 순조롭다.

2. 러시아 정부는 새로운 개혁들을 계획하고 있다.

3. “G8”은 실업 퇴치 운동을 계속 할 계획이다.

4. 회담의 결과로 대통령들은 협력하기로 합의했다.

5. "G20"은 적극적으로 경제 문제들을 논의했다.

2 Урок

Политика

ПОЧИТАЕМ

СТАТЬЯ 1

Быть ближе к людям!

В прошлый четверг 25 апреля президент России провёл "прямую линию", во время которой ответил на 85 вопросов - серьёзных и не очень. Это было уже 11-е общение с гражданами в таком формате за время его работы как главой государства, так и премьер-министром. Но ещё ни разу В. Путина не отпускали из эфира так долго: "линия" длилась 4 часа 47 минут. "Прямая линия" президента России Владимира Путина вызвала огромный интерес у жителей РФ, сообщает Интерфакс.

За диалогом президента с народом следили 52% россиян. 13% посмотрели передачу от начала до конца, 26% смотрели фрагменты прямого эфира, а еще 13% узнали о подробностях "прямой линии" из выпусков новостей - таковы данные опроса, проведенного ВЦИОМ 27-28 апреля среди 1600 человек в 46 субъектах РФ.

10 ярких ответов Владимира Путина

1. О работе кабмина и возможности отставок. "Нужно дать людям возможность реализовать себя. Или понять, что кто-то не в состоянии этого сделать. За год этого невозможно понять".

2. О зимнем времени. "Это вопрос, который находится в компетенции правительства. Я не считаю, что это тот случай, когда с уровня президента нужно вмешиваться в дело правительства".

3. О деле Оборонсервиса. "Дело будет доведено до конца. Но это совсем не значит, что мы должны из политических соображений любой

ценой посадить людей за решётку. Не надо возвращаться к мрачному периоду к 1937 года".

4. О письмах Березовского. "Письма были. Он пишет от том, что считает, что совершил много ошибок, просит его простить и дать ему возможность вернуться на Родину".

5. О свободе в России. "Сталинизм связан с культом личности и массовыми нарушениями закона. С репрессиями и лагерями. Ничего подобного в России нет".

6. О Кудрине и о его возвращении во властные структуры. "Мы знакомы давно и полемизируем с ним постоянно". "Было сделано предложение - он отказался. Сачок! Работать не хочет".

7. О промилле. "Пить за рулём нельзя. Нужно добиться того, чтобы никто не садился за руль в нетрезвом виде. Если у нас разрешить выпить один-два бокала... Знаете, бокалы у нас разные. Поэтому: пить нельзя".

8. О смертной казни. "Иногда рука сама тянется к авторучке, чтобы подписать какие-то документы, направленные на возвращение смертной казни. Но специалисты считают, что само ужесточение наказания не ведет к снижению уровня преступности".

9. О будушем материнского капитала после 2016 года. "Мы в той или иной форме должны продолжить программы поддержки рождаемости детей в нашей стране. Но они должны быть более адресными, они должны быть более целевыми. Какие это будут формы, пока не знаю".

10. Об информационном шлейфе Бостонского теракта. "Россия сама является жертвой международного терроризма. Меня всегда возмущало, когда западные партнеры террористов, которые совершали зверские, кровавые, омерзительные преступления на территории нашей страны, называли не иначе, как "повстанцы", и никогда не называли террористами".

АиФ, 1 мая 2013 года

СЛОВА И ВЫРАЖЕНИЯ

провести́	실행·실시하다	за решётку	감옥(옥중)에서
граждани́н	시민	мра́чный	암흑한, 황량한
форма́т	형태, 형, 형상	полемизи́ровать	논쟁·토론하다
обще́ние	교제, 연락	сачо́к=лени́вый	게으른, 나태한
отпуска́ть	해방·공급하다	тяну́ться	늘어나다, 펼쳐지다
подро́бность	세부, 세밀, 정밀	сме́ртная казнь	사형
огро́мный	거대한, 중대한	ужесточе́ние	강화
жи́тель	주민, 거주자	наказа́ние	처벌
следи́ть	주시·감시하다, 지켜·살펴 보다	возмуща́ть	일으키다, 교란시키다, 선동하다
фрагме́нт	단편	престу́пность	범죄
вы́пуск	생산, 방출, 배출	же́ртва	희생자
переда́ча	방송, 전달	у́ровень	수준
сообща́ть	알리다, 전하다 방송·보도하다	омерзи́тельный	혐오(증오)해야 할, 매우 나쁜
опро́с	질문, 설문조사	крова́вый	피나는
реализова́ть	실현시키다	повста́нец	반역자, 모반자
глава́ госуда́рства	국가 원수	рожда́емость	출산율
вме́шиваться	간섭·개입하다	целево́й	목적이 있는
промилле́	1,000분 율로	нетре́звый	취한, 술 취한
репре́ссия	탄압, 억압, 진압	культ	숭배, 예식

пряма́я ли́ния	직접적인 노선, 방침
за вре́мя рабо́ты	작업(활동) 중에
вы́звать интере́с у (кого?)	~에게 관심(흥미)을 불러일으키다
от нача́ла до конца́	처음부터 끝까지
прямо́й эфи́р	생방송
кабмин (кабине́т мини́стров)	내각
вы́пуск новосте́й	보도 자료
субъе́кт РФ	러시아 연방의 주체
любо́й цено́й	모든 비용
находи́ться в компете́нции кого	권한이 있다

ЗАДАНИЯ

Выполните тест

1. "Прямая линия" с президентом России - это...

А) интернет-переписка с президентом
Б) общение в прямом эфире
В) телефонные звонки в администрацию президента

2. Общение Путина с россиянами продолжалось...

А) почти пять часов
Б) 47 минут
В) 4 часа

3. Президент считает, что смертная казнь...

А) приведет к снижению уровня преступности в РФ
Б) приведет к порядку в России
В) приведет к усилению уровня преступности в России

4. Путин сказал, что материнский капитал...

А) станет другим по форме, но поддержка рождаемости будет осуществляться
Б) перестанет существовать
В) будет уменьшено количество программ помощи детям

5. Президент о наказании за вождение в пьяном виде сказал, что...

А) закон о промилле будет, пить за рулем нельзя
Б) закона о промилле не будет
В) бокалы у нас разные

6.Говоря о свободе в России, В. Путин сказал, что...

А) свобода в России всегда была
Б) сталинизма в России не будет
В) будет возвращение культа личности

Вопросы к тексту

А. Ответьте на вопросы.

1. Как называется статья?
2. В какой газете она вышла?
3. Когда была издана эта статья?
4. О каком событии рассказывает эта статья?
5. Что представляет собой "прямая линия" с президентом России?
6. Когда проходило это мероприятие?
7. Кто участвовал в нем?
8. Какие вопросы обсуждались в ходе программы?
9. Какой вопрос вам запомнился? Что ответил на него В. Путин?
10. Какие вопросы вы хотите задать российскому президенту?

Б. Составьте письменный пересказ статьи. Выразите ваше отношение к проблеме.

В. Выполните перевод содержания статьи на корейский язык.

СТАТЬЯ 2

Кремль продолжит перезагрузку внутренней политики

Вячеслав Володин, курирующий блок внутренней политики, побеседовал с политологами о текущих делах и порадовал перспективами "перезагрузки политической системы". Участники встречи рассказали "Ъ", что беседа шла в формате вопрос-ответ. Господин Володин подтвердил необходимость дальнейшей корректировки политической системы.

Перезагрузка политической системы стала актуальной после массовых протестов конца 2011 года и результатов "Единой России" на выборах в Госдуму. Власти приняли меры по изменению политической системы. Были приняты решения о возвращении к прямым выборам губернаторов, облегчении регистрации партий, запрете государственной элите иметь счета за рубежом и другие. В то же время ограничению подвергся некоммерческий сектор, переформатирован Совет по правам человека, принят закон о защите чувств верующих и т.д.

Вчера Вячеслав Володин просил политологов следить за итогами выборов 8 сентября, особенно за увеличением количества партий. Как утверждают участники беседы, господин Володин дал понять, что по итогам правоприменительной практики возможны изменения в законах. "Конструкция громоздкая", - приводят его слова участники встречи. Он напомнил, что закон, упрощающий регистрацию партий, был внесен в Госдуму до выборов президента Владимира Путина. Говоря о выборах, Вячеслав Володин отметил, что из-за увеличившегося количества партий при подсчете голосов будет затруднено использование КОИБов (комплексы обработки избирательных бюллетеней - избирательные сканеры). Впрочем, по его мнению, прозрачных урн для голосования и веб-камер будет достаточно. КОИБы можно будет использовать на муниципальных выборах, если на них заявится не более 12 партий.

От политтехнологий и отдельных проектов первый заместитель главы администрации президента предложил активнее переходить к открытой конкурентной политике."Госдума - место для дискуссий", - перефразировал Вячеслав Володин своего бывшего коллегу по "Единой России" Бориса Грызлова.

Участники совещания знают, что до 15 июля идет сбор заявок на выделение президентских грантов, в том числе в общественно-политической сфере: социология, политическая аналитика и наблюдение за выборами. Впервые грантооператором по этой тематике выступил Фонд ИСЭПИ. Участники встречи обсудили нового гранторaспределителя, "Гражданское достоинство" во главе с Эллой Памфиловой. Господин Володин назвал госпожу Памфилову "очень авторитетной" в правозащитной среде. По его мнению, она может справиться с тем, чтобы никто из НКО не был "иностранным агентом", а работал на президентские гранты.

Глава Фонда развития гражданского общества Константин Костин рассказал, что на вопрос о регистрации кандидатов Вячеслав Володин ответил, что если остальные кандидаты с ресурсом поступят так же, как господа Собянин и Воробьев (главы Москвы и Подмосковья), помогая оппозиции в прохождении фильтра, это будет хорошо и полезно для выборов.

Про "Единую Россию" было сказано, что она является пропрезидентской партией и важным элементом политической системы, а при создании региональных отделений ОНФ нельзя опираться на традиционные административные методы. Участник встречи Евгений Минченко рассказал, что предложил убрать муниципальный фильтр для парламентских партий и тех, кто имеет фракции в местных законодательных собраниях, для остальных - снизить до 1%, причем подписи не в одни руки, а также вернуть еще один день голосования. По его словам, господин Володин предложил не менять каждый год правила игры, пожить пока в этих.

Ирина Ъ-Нагорных
Коммерсантъ, 10 июля 2013

СЛОВА И ВЫРАЖЕНИЯ

кури́ровать	관리·지도하다	се́ктор	부, 처, 부문, 구역
блок	(정치, 경제상의) 권	громо́здкий	부피가 커진, 성가신, 부담이 되는
вну́тренний	내부의, 국내의	муниципа́льный	지방자치제의
полито́лог	정치가	конкуре́нтный	반대의, 적대의
теку́щий	지금의, 현재의	ска́нер	스캔
перезагру́зка	재부팅, 다시하는 것	администра́ция	행정기관, 관리
подтверди́ть	확실히하다, 확증하다	диску́ссия	토론, 심의, 논쟁
грант	(정부나 단체에서 주는) 보조금	перефрази́ровать	낱말이나 문구를 바꾸어 사용하다
актуа́льный	현실의, 당면한	зая́вка	청구서, 신청서
ма́ссовый	대량의, 대중적인	корректиро́вка	교정
проте́ст	항의, 이의신청	анали́тика	분석론
возвраще́ние	재현, 반복, 회귀	авторите́тный	권위 있는, 신뢰할만한
аге́нт	대리인, 요원, 대표자	правозащи́тный	준법을 지키는
губерна́тор	현지사	ресу́рс	자원
облегче́ние	경감, 완화, 간소화	оппози́ция	반대, 반항
регистра́ция	기록, 등록	отделе́ние	부, 부문, 과
па́ртия	당, 정당	фильтр	필터, 검사, 상세히 조사하는 사람
запре́т	금지	фра́кция	당파, 당쟁, 파벌
эли́та	엘리트	парла́ментский	국회의, 의회의

в форма́те вопро́с-отве́т	질문과 대답의 형태에서
приня́ть ме́ры по чему?	~에 관한 조치를 취하다(받아들이다)
приня́ть реше́ние	결정하다
в одни́ ру́ки	한 손에
прямы́е вы́боры	직접 투표
дать поня́ть	확실하게 하다
у́рна для голосова́ния	투표함
Уча́стники встре́чи обсуди́ли ...	회의 참가자들은 ~을 논의했다
во главе́ с (кем?)	~를 지도자로 하여
законода́тельное собра́ние	입법회의

ЗАДАНИЯ

Выполните тест

1. Вячеслав Володин говорил с политологами о...

А) о международной политике РФ
Б) о политических и экономических рефомах в России
В) о перезагрузке политической системы в РФ

2. Господин Володин занимается

А) вопросами внутренней политики
Б) вопросами внешней политики
В) общением с общественностью

3. Власти России приняли решение о...

А) о разрешении политической элите иметь счета в иностранных банках
Б) о возвращении к прямым выборам губернаторов, др.
В) о новой политической системе

4. Участники совещания знают, что до 15 июля...

А) проходят выборы
Б) идет перезагрузка политической системы
В) проводится сбор документов на получение грантов в разных областях

5. Гранты в политической сфере будут...

А) контролироваться блоком внешней экономики
Б) распределяться организацией "Гражданское достоинство"
В) выдаваться "иностранным агентам"

6. Володин, говоря о выборах, предложил...

А) не менять каждый год правила игры
Б) вернуть еще один день голосования
В) усилить фильтры для партий

Вопросы к тексту

А. Ответьте на вопросы.

1. Как называется статья?
2. В какой газете она вышла?
3. Когда была издана эта статья?
4. Как зовут автора статьи?
5. О чем говорится в статье?
6. Когда проходило это мероприятие?
7. С кем провел встречу Вячеслав Володин?
8. Какие изменения провели российские власти?
9. Какая проблема может возникнуть на выборах из-за увеличения числа партий?
10. Что вы думаете о политической системе в России?

Б. Составьте письменный пересказ статьи. Выразите ваше отношение к проблеме.

В. Выполните перевод содержания статьи на корейский язык.

ПРАКТИКА

☆ 단문에서 '원인'을 나타내는 표현들(2)

из-за + *чего* (생격)	
из-за	отсутствия падения ухудшения

❑ **Из-за** резкого падения цен на кофе инфляция в стране растёт.

❑ Фирма не смогла расплатиться по контракту **из-за** нехватки средств.

вследствие + *чего* (생격)	
вследствие	ослабления землятрясения столкновения

❑ В своей речи президент резко отозвался о ситуации, сложившейся в стране **вследствие** чрезвычайного положения.

❑ Экономика страны была разрушена **вследствие** непрекращающихся военных действий на её территории.

по + *чему* (여격)	
по	правилам согласованию примеру

❑ Результаты совещания **по требованию** представителей компании в настоящее время обнародованы не будут.

❑ **По согласованию** сторон страны пришли к соглашению.

Упражнения

А. Переведите фразы на русский язык, используя следующие выражения.

из-за	вследствие	по

1. 경제 위기로 인해 많은 기업들이 문을 닫았다.

2. 강력한 홍수로 인해 러시아 남부의 주민들이 집 없이 지내게 되었다.

3. 동료들의 요청에 그는 다시 일하러 갔다.

4. 병으로 인해 그는 쉬기 위해 가지 않았다.

5. 그들은 규칙들대로 경기한다.

Б. Переведите следующие фразы на русский язык.

1. 러시아의 정치 체제는 오래되었다.

2. 대통령은 러시아에서 자유에 대한 시민들의 질문들에 대답했다.

3. 정치 시스템을 개혁해야만 한다.

4. 러시아에는 경쟁 정책이 필요하다.

5. 정당은 정치 체제의 중요한 요소이다.

3 Урок

Экономика и бизнес

ПОЧИТАЕМ

СТАТЬЯ 1

Нефтяной рекорд России

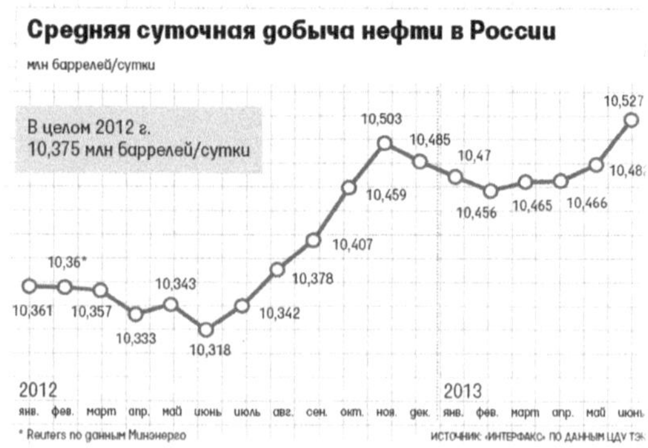

Добыча нефти в июне достигла 10,53 миллиона баррелей в сутки, следует из данных ЦДУ ТЭК (Центрально-диспетчерское управление топливно-энергетического комплекса). Больше добывалось лишь 25 лет назад.

Добиться рекорда помогли два фактора, отмечает аналитик по нефти и газу JPMorgan Андрей Громадин. Во-первых, это рост добычи на Ванкорском месторождении "Роснефти". Второй фактор, по словам Громадина, - это рост производства "Газпромом" газового конденсата. Росту добычи способствовали высокие цены на нефть.

По объемам добычи нефти Россия давно обогнала Саудовскую Аравию. Там, по данным агентства Bloomberg, в июне извлекалось 9,47 млн барр. в сутки.

"Роснефть" неспроста активно увеличивает добычу нефти, считает Полищук. Компания заключила несколько крупных долгосрочных контрактов на поставку сырья. С июля "Роснефть" должна поставлять PKN Orlen 8,6 миллионов тон в год до 2016 года. А китайской CNPC

- 365 млн т с 2014 г. в течение 25 лет.

Впрочем, по отдельности каждая компания в перспективе планирует хоть и небольшой, но рост. Президент "Роснефти" Игорь Сечин после покупки ТНК-ВР говорил, что добыча объединенной компании в этом году составит 215 млн т нефти.

Президент "Лукойла" Вагит Алекперов в конце июня заявил, что компания ожидает роста добычи с 2013 г. на 1% в год. Ближайший ввод в эксплуатацию крупных месторождений у компании намечен на 2016 год - это будут месторождение имени Филановского в Каспийском море и Имилорское в Ханты-Мансийском автономном округе.

Представитель "Газпром нефти" говорит, что в 2013 г. компания планирует добыть 62 млн т нефтяного эквивалента.

Гендиректор "Сургутнефтегаза" Владимир Богданов сказал недавно, что в ближайшие годы компания будет добывать 60-62 млн т нефти в год (в 2012 г. - 61,4 млн т).

Но Громадин уверен, что июньский рекорд является пиком и в краткосрочной перспективе предпосылок для роста нет. Он отмечает, что 80% запасов находится на уже разрабатываемых месторождениях. Ахметов же допускает, что до 2020 г. благодаря разработке шельфа и трудноизвлекаемых запасов нефти добыча вырастет до 10,8-11,0 млн барр. в сутки.

Ирина Кезик

Ведомости, 09 июля 2013

СЛОВА И ВЫРАЖЕНИЯ

реко́рд	경기기록, 최고기록	ожида́ть	기다리다, 기대하다
нефть	석유	эксплуата́ция	채취, 채굴, 개발
добы́ча	산출, 생산, 획득량	наме́тить	(계획, 안 등을) 세우다, 정하다
добыва́ть что?	획득·채취하다	эквивале́нт	동등한, 대등한
достига́ть чего?	도달하다, 이르다	гендире́ктор	대표이사
диспе́тчерский	운전(작업) 지시자	пик	끝, 절정, 최고점
управле́ние	관리, 지배, 감독	предпосы́лка	선행, 전제 조건
то́пливный	연료	разраба́тываемый	개발된, 채굴된
энергети́ческий	동력의	шельф	얕은 여울, 암초
ко́мплекс	집합체, 복합체	запа́с	예비품, 재고품
фа́ктор	요인, 요소	барре́ль(барр.)	배럴
месторожде́ние	(광물)매장지, 원산지	то́нна(т)	톤(용적의 단위)
конденса́т	(물·석유 제품 등) 응축에 의한 생성물	су́тки(сут)	1주야, 24시간
спосо́бствовать	촉진하다, 가능케 하다	миллио́н(млн)	100만
обогна́ть что?	추월하다, 능가하다	хоть	~든지, ~라도
неспроста́	목적, 이유가 있어	краткосро́чный	단기의
впро́чем	그러나, 그렇지만	допуска́ть	허가·허락하다
рост	성장, 증대, 발달	вы́расти	성장하다
объединённый	통일한, 연합한	да́нные	자료, 정보, 원료

во-пе́рвых,...	첫 번째로
во-вторы́х,...	두 번째로
по объёмам добы́чи не́фти	원유 채취 양에 따라
По да́нным аге́нтства, ...	기관의 자료에 따르면,
заключи́ть контра́кт на поста́вку	공급에 대한 계약서를 체결하다
автоно́мный о́круг	자치구
в тече́ние пяти́ лет	5년이 경과하는 동안
предпосы́лка для ро́ста	성장(발전)을 위한 전제 조건
в ближа́йшие го́ды	가까운 시일에, 가까운 미래에
в перспекти́ве	앞으로, 장래에

ЗАДАНИЯ

Выполните тест

1. Тема статьи - это...

А) информация о крупнейших компаниях России
Б) о рекорде России по добыче нефти
В) о проблемах добычи нефти

2. Добиться высоких показателей помог...

А) рост добычи нефт и "Роснефтью" и рост производства газового конденсата "Газпромом"
Б) рост экономики России
В) рост продаж нефти в мире

3. По объемам добычи нефти Россия...

А) заняла последнее место в мире
Б) стала конкурентом
В) обогнала Саудовскую Аравию

4. Рост добычи нефти был возможным, потому что...

А) выросли мировые цены на нефть
Б) выросли цены на продукты
В) снизились цены на нефть и газ

5. Российские компании планируют в будущем...

А) снижать добычу нефти
Б) увеличивать добычу нефти
В) искать новые запасы нефти

6. Крупнейшие компании России по добыче нефти - это...

А) "Роснефть"
Б) "Башнефть"
В) "Сургутнефтегаз"

Вопросы к тексту

А. Ответьте на вопросы.

1. Как называется статья?
2. В какой газете она вышла?
3. Когда была издана эта статья?
4. Как зовут автора статьи?
5. О чем говорится в статье?
6. Почему Россия добилась рекорда по добыче нефти?
7. Почему российские компании увеличили добычу нефти?
8. Какие перспективы есть у российских нефтедобывающих компаний?
9. Какаие российские нефтедобывающие компании вы знаете?
10. Что вы думаете о экономике России в этом вопросе?

Б. Составьте письменный пересказ статьи. Выразите ваше отношение к проблеме.

В. Выполните перевод содержания статьи на корейский язык.

СТАТЬЯ 2

Россия остается неоткрытой золотой жилой

Приток прямых инвестиций в США в скором времени может превысить объем вложений в Китай - об этом свидетельствует индекс инвестиционной привлекательности, рассчитываемый A.T. Kearney. Эксперты отмечают, что различия между развитыми и развивающимися рынками с точки зрения прямых инвесторов стираются, единственным отличительным риском последних остается политический фактор. При этом Россия в рейтинге за последний год поднялась на одну строчку до 11-го места, опередив Францию, Японию и Объединенные Арабские Эмираты: снятие очевидных политических рисков может превратить РФ в чрезвычайно привлекательную для ПИИ(прямых иностранных инвестиций) экономику.

США впервые за последние 12 лет вновь стали самой перспективной страной с точки зрения инвесторов, заняв первое место в рейтинге инвестиционной привлекательности по версии консалтинговой компании A.T. Kearney. Рейтинг основан на оценке ожиданий менеджеров, ответственных за формирование инвестстратегий крупнейших корпораций, и призван оценить будущие потоки прямых иностранных инвестиций (ПИИ) в ту или иную страну. Китай в 2013 году опустился на вторую строчку рейтинга - причиной этому эксперты считают неопределенность с будущей стратегией КНР и последовательное удорожание рабочей силы. Бразилия же остается на третьей позиции - страна привлекла $65 млрд. ПИИ в прошлом году. В восьмерке лидеров также значатся Канада, Индия, Австралия, Германия и Великобритания.

Россия за последний год поднялась на одну строчку до 11-го места, сместив ЮАР и Малайзию (15-е и 25-е места в новом рейтинге) и обойдя Японию и ОАЭ. Соседи РФ в этом году - Сингапур (10-е место) и Франция (12-е место).

Пока из этих оценок невозможно прогнозировать будущий рост или снижение привлекательности России для ПИИ. В A.T. Kearney ожидают значительного роста инвестиций в развитые страны, по мере того как "традиционное восприятие развивающихся рынков как высокорискованных и высокодоходных теряет актуальность". Виной тому, по мнению респондентов, сближение рынков по основным группам рисков: стабильности, налогообложению, финансовому регулированию. Единственным отличительным фактором остается политическая стабильность. Так, предполагаемый рост капиталоемкости китайской экономики оставляет "место для перемещения производств ближе к потребителю", притоку прямых инвестиций в США способствует и слабый доллар, отмечают авторы исследования. Для увеличения же производительности в КНР требуется новые инвестиции, "простейшие средства повышения эффективности уже исчерпаны". В случае же с Россией, исходя из данных A.T. Kearney, уместно предположить: в случае снятия политических рисков страна может крайне быстро, в течение нескольких лет, превратиться в инвестиционный Клондайк - войти в десятку топ-лидеров по привлекательности ПИИ России предположительно мешают именно проблемы политики.

"Развивающиеся рынки постепенно утрачивают функцию тихой гавани на время кризиса и вновь будут скорее дополнением к вложениям в активы развитых стран, нежели альтернативой им",- считает глава бизнес-совета A.T. Kearney Эрик Петерсон. Увеличения объема инвестиций в течение года ожидают 70% респондентов, половина опрошенных ответили, что уже превысили докризисные показатели по инвестиционным бюджетам, столько же ожидают улучшения состояния мировой экономики по сравнению с прошлым годом. В то же время лишь 34% ожидают восстановления докризисных темпов роста в 2014 году, 73% - в течение ближайших двух лет.

Татьяна Ъ-Едовина
Коммерсантъ, 27 июня 2013

СЛОВА И ВЫРАЖЕНИЯ

прито́к	지류, 유입	смести́ть	옮기다, 뒤섞여놓다
острава́ться	남다, 어떤 상태가 되다	привлека́ть	끌어당기다, 애착을 느끼게 하다
золота́я жи́ла	금광	прогнози́ровать	예상·예측하다
превы́сить	초과하다, 넘다	значи́тельный	현저한, 중요한
вложе́ния	투자	высокодохо́дный	이익이 많은, 유리한
свиде́тельствовать	증명·확증하다	актуа́льность	현실성, 긴급
и́ндекс	지수, 지표, 목록	вина́	죄, 과실, 원인
привлека́тельность	끄는 힘, 매력	ме́неджер	매니저
экспе́рт	심사관, 전문가	налогообложе́ние	과세, 징세
стира́ться	씻어지다, 벗겨지다, 없어지다	отличи́тельный	독특한, 특이한, 구별이 분명한
опереди́ть	추월하다, 이기다	капиталоёмкость	자본집약형 산업
чрезвыча́йно	극히, 몹시	регули́рование	정리, 조절, 정돈
ожида́ния	기대, 예상	исче́рпан	해결되다
ресонде́нт	설문지·질문지에 응하는 사람	альтернати́ва	양자택일. 둘 중 골라야 할 하나
корпора́ция	단체, 조합, 법인	опро́шенные	문의한, 심문한
пото́к	급류, 대량	темп	속도, 템프
неопределённость	애매함, 불확실함	докри́зисный	금융 위기 이전
страте́гия	전략	миллиа́рд (млрд)	10억
удорожа́ние	가격인상	акти́в	자산, 재산

в ско́ром вре́мени	근간에
с то́чки зре́ния кого? чего?	~의 관점에서
подня́ться на одну́ стро́чку	한 등급(입지, 직책) 올라가다, 높아지다
заня́ть пе́рвое ме́сто	1등을 차지하다
опусти́ться на втору́ю стро́чку	두 등급(입지, 직책) 내려가다, 낮아지다
рабо́чая си́ла	노동력
остава́ться на тре́тьей пози́ции	세 번째 등급(입지, 직책)에 머물다
исходя́ из да́нных	자료에서 출발하여
ти́хая га́вань	조용한 장소
зна́читься в ли́дерах	지도자가 되다

ЗАДАНИЯ

Выполните тест

1. Россия может стать привлекательной для инвесторов, если...

А) улучшит политическую систему
Б) изменит экономическую ситуацию
В) изменит свои законы

2. В рейтинге, проводимом консалтинговой компанией A.T. Kearney, Россия заняла

А) последнее место
Б) место перед Францией
В) место в десятке лидеров

3. Разница между развитыми и развивающимися рынками в...

А) в социальном факторе
Б) в политическом факторе
В) в культурном вопросе

4. Развивающиеся рынки перестали быть...

А) высокодоходными и высокорискованными
Б) популярными для инвестиций
В) эффективными

5. Китай занял второе место, потому что...

А) изменил политическую систему
Б) усилил экономическую ситуацию в стране
В) там подорожала рабочая сила

6. США стала лидером рейтинга, так как...

А) в стране слабый доллар
Б) улучшилась экономическая ситуация в стране
В) подорожала рабочая сила

Вопросы к тексту

А. Ответьте на вопросы.

1. Как называется статья?
2. В какой газете она вышла?
3. Когда была издана эта статья?
4. Как зовут автора статьи?
5. О чем говорится в статье?
6. Кто проводил рейтинговое исследование?
7. Что оценивала компания, проводящая рейтинг?
8. Какую позицию заняла Россия?
9. Что поможет России улучшить инвестиционную привлекательность?
10. Почему США заняла первое место, а Китай - второе?

Б. Составьте письменный пересказ статьи. Выразите ваше отношение к проблеме.

В. Выполните перевод содержания статьи на корейский язык.

ПРАКТИКА

☆ 단문에서 '원인'을 나타내는 표현들(3)

в соответствии с + *чем* (조격)	
в соответствии с	законом документом принципом

❑ **В соответствии с решением** парламента выборы были назначены на май.

❑ **В соответствии с законом** осуждённый был посажен за решётку.

согласно + *чему* (여격)	
согласно	мнению условиям уставу

❑ **Согласно Конструкции** России выборы в Думу проходят каждые четыре года.

❑ **Согласно уставу** за данное нарушение следует исключить из университета.

в память + *кого-чего* (생격)	
в память	умершего деятеля давно прошедшего события писателя

❑ **В память павших** прозвучали залпы военного салюта.

❑ **В память поэта** поклонники его таланта организовали концерт, на котором исполнялись его произведения.

Упражнения

А. Переведите фразы на русский язык, используя следующие выражения.

в соответствии с	согласно	в память

1. 작곡가를 기념하기 위해 클래식 음악 콘서트가 개최되었다.

2. 평가에 따라 회사는 최고 등급을 받았다.

3. 계약에 따라 회사는 3월에 제품을 발송해야 한다.

4. 고인들을 기념하여 애국가가 울려 퍼진다.

5. 협정에 따라 국가들은 경제 개혁들을 계속한다.

Б. Переведите следующие фразы на русский язык.

1. 러시아는 등급에서 있어서 11위를 차지했다.

2. 투자자들은 적극적으로 러시아 회사들에 투자하고 있다.

3. 러시아는 정치적으로 안정이 되고 있다.

4. 러시아는 적극적으로 경제를 회복하고 있다.

5. 러시아는 석유 생산에 대한 기록을 보여 주었다.

4 Урок

Южная и Северная Корея

ПОЧИТАЕМ

СТАТЬЯ 1

Кореи договорились по промзоне

Делегации из Южной Кореи и КНДР согласовали условия для нормализации работы совместной промзоны Кэсон, сообщили журналистам в южнокорейском министерстве по делам объединения.

В частности, по итогам продлившихся 16 часов переговоров стороны договорились, что в среду КНДР разрешит южнокорейским компаниям в сопровождении экспертов осмотреть свои объекты в Кэсоне. В тот же день представители Севера и Юга, как ожидается, начнут переговоры, на которых обсудят, каким образом в будущем предотвращать перерывы в работе промзоны.

Как известно, переговоры между двумя Кореями по промзоне Кэсон начались накануне. По данным агентства EFE, встреча проходила на демаркационной линии между странами. В них участвовали по три официальных лица с каждой стороны. Руководство Северной Кореи ранее восстановило работу "горячей линии" Красного Креста с Южной Кореей, отметили в агентстве.

Как сообщалось, переговоры Северной и Южной Кореи по промзоне должны были состояться в деревне Пханмунджом.

Что касается "горячей линии" Красного Креста, то долгое время она использовалась в качестве важного средства связи между Сеулом и Пхеньяном в условиях отсутствия дипломатических отношений. В марте этого года Пхеньян отключил ее, а также военную линию связи с Сеулом, по которой Пхеньян информировал о числе граждан Южной Кореи, прибывших на работу в промзону.

Промышленная зона Кэсон - специальный административный регион в КНДР, отделенный от города Кэсон в 2002 году и расположенный неподалеку от демилитаризованной зоны. В ней находятся около 120 южнокорейских предприятий.

Работы в этой с зоне были приостановлены с апреля этого года, когда КНДР вывела из Кэсона почти 53 тысячи северокорейских рабочих. Несмотря на прекращение работ в Кэсоне, Сеул и Пхеньян не объявляли об официальном закрытии промзоны.

Кэсон являлся важным источником денежных поступлений в экономику КНДР.

Напомним, что напряженность в отношениях между Южной Кореей и КНДР усилилась в марте после начала крупномасштабных военных учений США и Южной Кореи в районе Корейского полуострова.

КНДР тогда расценила эти маневры как провокацию и пригрозила ударом по Сеулу и Вашингтону.

Интерфакс, 7 июля 2013 года

СЛОВА И ВЫРАЖЕНИЯ

промзо́на	산업지역	объяви́ть	공고·선언하다
нормализа́ция	표준화, 규범화	приостано́влен	잠시 멈춤, 정지된
согласова́ть	일치시키다, 합의를 보다	администрати́вный	행정상의
делега́ция	대표단	прекраще́ние	중지, 종결
напряжённость	긴장, 긴장도	закры́тие	폐쇄, 폐회
сопровожде́ние	동행, 수반	исто́чник	원천, 출처
обсуди́ть	심의·연구하다	поступле́ние	입구, 입장, 입회
предотвраща́ть	예방하다, 미리 피하다	разреши́ть	허락하다, 권한을 주다
переры́в	중단, 휴지	крупномасшта́бный	대규모의
восстанови́ть	복원·재건하다	полуо́стров	반도
Кра́сный Крест	적십자	манёвр	기동작전, 술책
состоя́ться	이루어지다, 실현되다	расцени́ть	가격을 정하다, 평가·감정하다
каса́ться чего	언급하다, 관계·관련 있다	провока́ция	혁명 운동, 선동·도발행위
отсу́тствие	부재, 결핍	пригрози́ть	협박하다
информи́ровать	알리다, 보고하다	уда́р	타격, 공격
КНДР	조선민주주의 인민공화국	неподалёку от чего	가까운 곳에
вы́вести	옮기다, 근절시키다	предприя́тие	기업, 회사

в ча́стности,...	특히...
по ито́гам перегово́ров	회담의 결과에 따라
как ожида́ется,	예상한 것과 같이,
как известно,	알려진바와 같이,
демаркацио́нная ли́ния	경계선, 분계선, 불가침국경선
официа́льное лицо́	공무원, 관리
как сообща́лось,...	보도된 바와 같이
испо́льзоваться в ка́честве	~의 예로 사용되다
сре́дство свя́зи	통신수단
Напо́мним, что...	~을 기억합시다, 기억을 상기해봅시다

ЗАДАНИЯ

Выполните тест

1. Южная и Северная Кореи договорились...

А) о перемирии
Б) о сотрудничестве в промышленной зоне
В) о ядерном оружии

2. КНДР позволит компаниям РК...

А) осмотреть свои промышленные объекты в Кэсон
Б) посетить города Северной Кореи
В) открыть промышленную зону в Пхеньяне

3. Встреча между Северной и Южной Кореей проходила

А) в Сеуле
Б) в промышленной зоне
В) на демаркационной линии

4. Северная Корея восстановила работу...

А) посольства своей страны
Б) "горячей линии" Красного Креста
В) медицинской помощи

5. "Горячая линия" Красного Креста используется как средство...

А) связи между Кореями
Б) помощи больным
В) налаживания дружбы между этими странами

6. Роль зоны Кэсон для Северной Кореи - это...

А) возможность заниматься бизнесом
Б) шанс общения с соседями
В) источник финансовых поступлений в экономику страны

Вопросы к тексту

А. Ответьте на вопросы.

1. Как называется статья?
2. Где она вышла?
3. Когда была издана эта статья?
4. О чем говорится в статье?
5. О чем договорились Южная и Северная Корея?
6. Что представляет собой промышленная зона Кэсон?
7. Какова роль этого района для двух государств?
8. Почему работа зоны Кэсон была прекращена?
9. Как можно наладить сотрудничество РК и КНДР?
10. Что вы думаете о взаимоотношениях Северной и Южной Кореи?

Б. Составьте письменный пересказ статьи. Выразите ваше отношение к проблеме.

В. Выполните перевод содержания статьи на корейский язык.

СТАТЬЯ 2

Проекты РФ, Южной Кореи и КНДР помогут улучшить межкорейские отношения

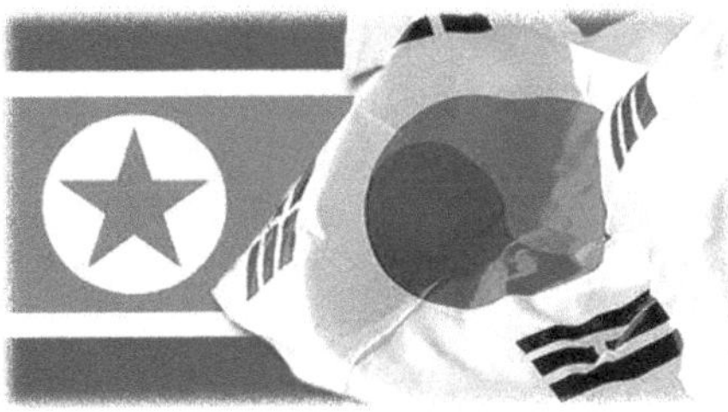

Реализация трехсторонних проектов между Россией, КНДР и Южной Кореей в области транспорта и энергетики будет способствовать восстановлению прерванных в последние годы межкорейских контактов, считает курирующий это направление в МИД РФ посол по особым поручениям Александр Тимонин.

Как он сообщил в интервью газете "Коммерсант", трехсторонние проекты - это строительство газопровода из России в Южную Корею через территорию КНДР, соединение Транскорейских железных дорог с Транссибирской магистралью и сооружение линии электропередачи через КНДР для поставки российской электроэнергии в Южную Корею.

"Проекты ведут к укреплению сотрудничества России с КНДР и Республикой Корея и отвечают важным экономическим интересам трех стран. В то же время их реализация, безусловно, нацелена на нормализацию межкорейских отношений", - сказал посол по особым поручениям.

По его словам, из трех договоров наиболее проработанным является железнодорожный. Планируется построить железнодорожный транспортный коридор протяженностью более 10 тысяч километров, соединяющий север и юг Корейского полуострова с Россией и Европой.

"Сейчас завершаются работы по замене верхнего строения пути на участке Туманган-Раджин, в ходе которых ведется укладка совмещенной колеи, что позволит осуществлять транзитные перевозки на этом направлении без перестановки колесных пар в российских вагонах", - сообщил дипломат.

Тимонин выразил надежду, что ситуация на Корейском полуострове изменится к лучшему, что позволит южнокорейскому бизнесу активно подключиться к модернизации участка северокорейской железной дороги от Раджина до границы с Южной Кореей и тем самым ускорить создание Транскорейской магистрали.

Что касается газового проекта, понадобилось много времени, чтобы руководители КНДР и Южной Кореи "пришли к решению о целесообразности" его воплощения в жизнь, отметил посол. По его мнению, заинтересованность Пхеньяна и Сеула в конечных результатах этого проекта станет одной из гарантий того, что КНДР не будет использовать трубу как политическое оружие для давления на южного соседа.

Он также сообщил, что обязательства участников проекта по созданию максимально благоприятных условий для бесперебойного функционирования газопровода будут включены в российско-северокорейские и российско-южнокорейские договоренности. Между тем, по словам дипломата, проработка электроэнергетического проекта, связанного с газовым и железнодорожным, не так глубока.

"Сооружение ЛЭП через территорию КНДР в Южную Корею крайне необходимо для энергоемких железнодорожного и газового проектов. Именно поэтому КНДР и Южная Корея проявляют интерес к его реализации", - сказал он.

"Многое будет зависеть от позиции Сеула, который должен стать конечным потребителем российской электроэнергии", - отметил Тимонин.

Отношения между КНДР и Южной Кореей резко обострились в 2010 году после того, как в марте в Желтом море затонул корвет "Чхонан", потопленный, как утверждают в Сеуле, северокорейской торпедой. Затем 23 ноября в районе острова Йонпхёндо в Желтом море, где проходит спорная линия раздела между Севером и Югом, произошел крупнейший в регионе за последние полвека вооруженный инцидент.

Корейская война 1950-1953 годов завершилась подписанием соглашения о перемирии и формально не окончена до сих пор.

РИА Новости,
30 января 2011 года

СЛОВА И ВЫРАЖЕНИЯ

реализа́ция	실현, 실시	сооруже́ние	건축, 구조물
прое́кт	기획, 계획, 설계	заме́на	교체, 교대
тра́нспорт	운수, 수송	совмещённый	결합시킨, 함께 가진
пре́рванный	중지, 중단된	колея́	바퀴자리, 흠, 궤도
кури́рующий	관리하는, 지도하는	транзи́тный	통과의
МИД	외무부	перево́зка	운송, 수송, 이송
трёхсторо́нний	삼자간의	давле́ние	렵압, 중압, 압박
террито́рия	영토, 국토	позво́лить	허락·허가하다
соедине́ние	결합, 연합	модерниза́ция	근대화, 현대화
магистра́ль	(철도, 전기, 전신, 전화, 수도 등의) 본선, 간선, 교통로	подключи́ться	연결되다, 이어지다, 참가하다
протяжённость	(길이, 높이, 너비 등의) 연장, 연장도	ускóрить	더 빠르게 하다, 촉진하다
электропереда́ча	송전	целесообра́зность	합리성, 합목적성
поста́вка	납품, 공급, 전달	гара́нтия	보증, 보장, 담보
укрепле́ние	강화, 견고, 축성물	труба́	관, 파이프
наце́лен на что	목표로하다	бесперебо́йный	끊임없는, 연속된
нормализа́ция	규범화, 표준화	энергоёмкий	대량의 동력을 요하는
прорабо́танный	연구, 고찰, 작업한	инциде́нт	사건, 생긴 일

прое́кт в о́бласти чего	~ 영역에서의 계획
посо́л по осо́бым поруче́ниям	특수 위탁대사, 특사
желе́зная доро́га	철도
отвеча́ть интере́сам	관심에 만족시키다, 흥미에 응하다
тра́нспортный коридо́р	운수 통행(통로)
колёсная па́ра	차륜쌍
Он вы́разил наде́жду, что...	그는 ~라고 희망을 표했다
Ситуа́ция изме́нится к лу́чшему	상황은 더 좋게 변할 것이다
воплоще́ние в жизнь	삶으로 구현
проявля́ть интере́с	관심을 보이다

ЗАДАНИЯ

Выполните тест

1. Трехсторонний проект касается 3-х государств:...

А) РФ, КНДР, РК
Б) РФ, РК, КНР
В) Южная Корея, КНР, Северная Корея

2. Государства планируют сотрудничество...

А) в военно-технической сфере
Б) в области транспорта и энергетики
В) в промышленной зоне

3. Цель совместных проектов - это...

А) политическая игра
Б) общий интерес
В) улучшить отношения между Кореями, соответствовать экономическим интересам

4. Самый проработанный проект - ...

А) энергетический
Б) железнодорожный
В) газовый

5. Трудность газового проекта в том, что...

А) Южная Корея не уверена в Северной
Б) поставки газа из России не выгодны
В) газопровод уже функционирует

6. Корейские отношения обострились после того, как...

А) президентом стал Ким Чжон Ын
Б) закончилась Корейская война
В) в Желтом море затонул южно-корейский корабль

Вопросы к тексту

А. Ответьте на вопросы.

1. Как называется статья?
2. Где она вышла?
3. Когда была издана эта статья?
4. О чем говорится в статье?
5. Какие планы строят Россия, Южная и Северная Корея?
6. Что представляет собой железнодорожный проект? В чем его плюсы для всех?
7. В чем польза газового проекта для Южной Кореи и России?
8. Расскажите о другом энергетическом проекте трех стран.
9. В чем цель данных проектов?
10. Какими вы видите отношения России, Южной и Северной Кореи в будущем?

Б. Составьте письменный пересказ статьи. Выразите ваше отношение к проблеме.

В. Выполните перевод содержания статьи на корейский язык.

ПРАКТИКА

☆ 단문에서 '원인'을 나타내는 표현들(4)

ввиду + *чего* (생격)	
ввиду	проблемы реформы сложностей

❑ **Ввиду** болезненного, но неизбежного переходного **периода** специалисты готовы оказать помощь советом и делом.

❑ Договор приобретает решающее значение **ввиду** глубоких экономических **реформ**, которые осуществляет правительство.

от + *чего* (생격)	
от	недостатка произвола эксплуатации

❑ Тысячи детей продолжают гибнуть **от** непосильного **труда**.

❑ **От произвола** местных властей страдает экономика региона.

исходя из + *чего* (생격)	
исходя из	государственных интересов новых данных объективных реальностей

❑ **Исходя из** объективных **реальностей**, сложившихся в настоящее время в стране, функции партии будут изменены.

❑ Депутаты заявили прессе, что они отклонили этот договор **исходя из интересов** государства.

Упражнения

А. Переведите фразы на русский язык, используя следующие выражения.

ввиду	от	исходя из

1. 국가의 어려운 상황때문에 대통령은 장관들과의 만남을 가졌다.

2. 양식 부족으로 인해 아이들이 굶주리고 있다.

3. 국가의 이익에 의거하여 이 프로그램은 폐쇄되었다.

4. 돈이 부족하여 그는 하루에 18시간을 일해야만 한다.

5. 사람들은 질병으로 죽어 가고 있다.

Б. Переведите следующие фразы на русский язык.

1. 남북한의 문제는 해결을 필요로 한다.

2. 프로젝트의 목적은 남한과 북한 사이의 관계를 개선하는 것이다.

3. 국가들은 운송 분야에 협력을 할 계획이다.

4. 한국들은 협력하기로 합의했다.

5. 북한은 적십자 활동을 재개하였다.

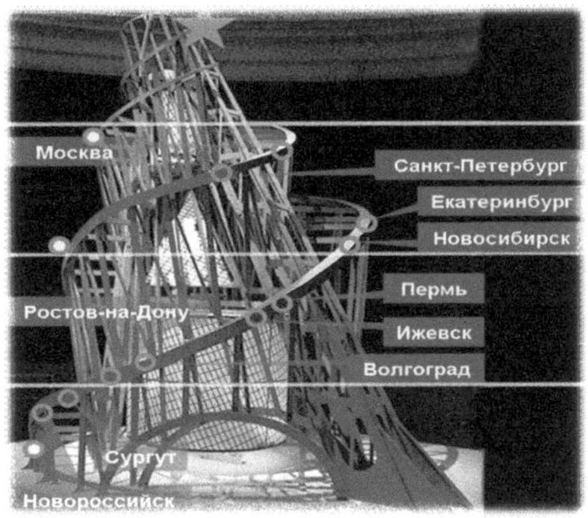

5 Урок

Недвижимость

ПОЧИТАЕМ

СТАТЬЯ 1

Подешевеет ли жилье в России?

Путин поручил Медведеву обеспечить постепенное снижение стоимости жилья в стране на 20%. Благодаря чему это может стать возможным?

"Снижение цены жилья на 20% до 2018 года" – именно на этот посыл, прозвучавший в указе "О мерах по обеспечению граждан РФ доступным и комфортным жильем и повышению качества жилищно-коммунальных услуг", подписанном президентом России Владимиром Путиным месяц назад, обратили внимание россияне, в первую очередь.

Подобная инициатива, впрочем как и прошлые разговоры, послания и указы о формировании сегмента доступного жилья, о развитии массового рынка ипотеки, об обуздании административных преград на пути стройки – это всё прекрасно, однако пока их на хлеб намазать не представляется возможным.

А вот "минус двадцать процентов" - это конкретика. Сейчас простая московская "однушка" стоит 5 миллионов рублей, а будет стоить через какое-то время 4 миллиона. Можно уже начинать копить деньги на квартиру, скажем, для подрастающего сына.

Но кто же заставит собственника (застройщика) отказаться от таких высоких цен? Ответ на поставленный вопрос не сложен – только конкуренция может заставить снизить рыночные цены.

Чтобы застройщики стали строить много недорогого жилья по сниженной цене, необходимо обеспечить им привычную рентабельность. В убыток себе никто строить не будет. У государства на выбор четыре опции: снижать стоимость стройматериалов и труда; снижать цену земли; снижать цену сетей и социальной инфраструктуры; снижать стоимость кредитов.

Словом, существует несколько направлений, где государственные усилия способны дать реальную отдачу в виде значительного числа недорогих квадратных метров. И ничего нереального в цифре "-20%" нет. Уберём из разницы между средней ценой и себестоимостью здания хотя бы половину, и вот мы уже вышли на уровень 45 тысяч рублей за квадратный метр. Цены упали на четверть.

Одним словом, механизмы реализации цели Указа есть. Деньги у государства есть. Желание строить у застройщиков – тоже. Желание покупать подешевевшее жильё гражданами – тут и речи нет. Осталось просто взять и сделать. Шаг за шагом, настойчиво, педантично и грамотно.

Юрий Кочетков

Профиль, июнь, 2013 год

СЛОВА И ВЫРАЖЕНИЯ

поручи́ть	의뢰하다, 위임하다	однушка	방 한 칸
обеспе́чить	보장하다, 제공하다	копи́ть	(재산을)축적하다, 저축하다
постепе́нный	점차적인, 점진적인	подраста́ющий	조금 성장하는
сто́имость	가격, 값, 가치	заста́вить	부득히 ~하게하다
жильё	주택, 거주지	со́бственник	소유자
застро́йщик	건축허가를 받은 사람, 건축 권리의 소유자	посы́л	전진, 보급
ука́з	칙령, 명령	насто́йчиво	끈기있는, 집요한
обеспече́ние	공급, 보급	конкуре́нция	경쟁
досту́пный	접근하기 쉬운, 알맞은	рента́бельность	채산, 수익
комфо́ртный	편리한, 안락한	привы́чный	습관적인, 익숙한
инициати́ва	발기, 발의, 주도권	о́пция	선택
посла́ние	교서, 메시지, 서한	строймапериа́л	건축재료, 건재
сегме́нт	궁형, 마디, 분절	педанти́чно	전혀 융통성이 없는
ипоте́ка	저당권, 융자, 대부금	инфраструкту́ра	하부구조, 인프라
обузда́ние	감독, 통제	креди́т	신용, 신용대부
прегра́да	장벽, 방해, 장애물	направле́ние	방향, 방도, 명령
конкре́тика	상세, 구체성	отда́ча	~을 주는 것
шаг за ша́гом	서서히, 차츰차츰	себесто́имость	원가

жили́щно-коммуна́льные услу́ги	주택 및 공동 서비스
обрати́ть внима́ние кого	~의 주목(관심)을 끌다
в пе́рвую о́чередь	우선 첫 번째로, 무엇보다도 먼저
пока́ их на хлеб не нама́зать	약속을 이행하지 않다
предста́вляться возмо́жным	가능할 것 같다
ры́ночные це́ны	시장 가격
себе́ в убы́ток	손해를 보고
сло́вом,	한마디로 말해, 요컨대
вы́йти на у́ровень	수준에 도달하다
одним сло́вом,	한마디로 말해, 요컨대

ЗАДАНИЯ

Выполните тест

1. Планируется проект в области строительства...

А) элитного жилья
Б) недорогого жилья
В) комфортного жилья

2. Снижение стоимости жилья возможно благодаря...

А) государственным льготам
Б) новым технологиям
В) дешёвой застройке

3. Снижению цен будет способствовать...

А) конкуренция
Б) разные льготы
В) дешёвая рабочая сила

4. Застройщиков надо обеспечить...

А) выгодой для себя
Б) хорошими материалами
В) профессиональными строителями

5. Государство планирует снизить цены...

А) на 4 миллиона
Б) на 20 процентов
В) на 2 процента

6. Вопрос о снижении цен на жилье был выдвинут...

А) застройщиками
Б) обществом России
В) президентом РФ

Вопросы к тексту

А. Ответьте на вопросы.

1. Как называется статья?
2. В каком журнале она вышла?
3. Когда была издана эта статья?
4. Как зовут автора статьи?
5. О чем говорится в статье?
6. О каком указе президента РФ говорится в тексте?
7. Как можно снизить цены на жилье в России?
8. Как можно обеспечить застройщиков рентабельностью?
9. Что может заставить застройщиков строить дешевле?
10. Какова ситуация на рынке недвижимости в вашей стране?

Б. Составьте письменный пересказ статьи. Выразите ваше отношение к проблеме.

В. Выполните перевод содержания статьи на корейский язык.

СТАТЬЯ 2

Как платить будем?

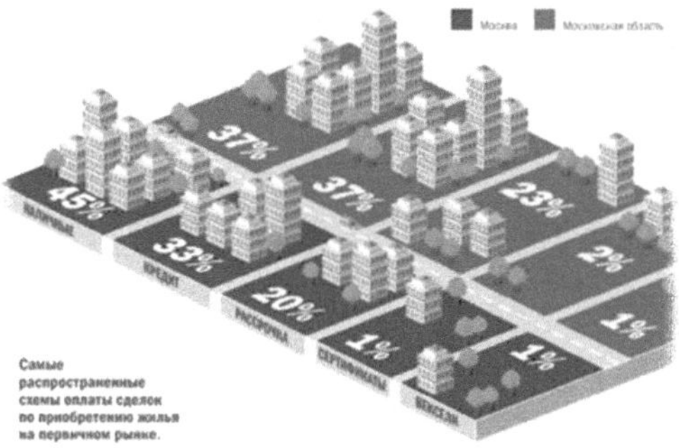

На первый взгляд может показаться странным, что в стране с относительно невысоким уровнем доходов населения сделки со 100-процентной оплатой нового жилья наличными вышли на первое место. Однако при ближайшем рассмотрении выясняется, что широкое распространение данной схемы оплаты связано исключительно с альтернативными сделками, когда для получения необходимой суммы продается старое, в большинстве случаев - единственное жилье.

1) 100-процентная оплата новой квартиры живыми деньгами - наиболее удобный для продавца и покупателя способ расчета: документов нужно оформлять меньше, сделка завершается быстрее. При такой схеме весь процесс проходит всего в три этапа: согласование договора, закладывание денег в ячейку либо перевод через аккредитив, регистрация договора и перехода прав в управлении Федеральной регистрационной службы.

Однако, несмотря на простоту и минимум затрачиваемого времени, объем таких сделок в последние 2~3 года не увеличивается - этому как раз мешает низкая платежеспособность подавляющего большинства населения. Благосостояние многих российских семей в последние годы ухудшается, и свою роль в этом сыграл экономический кризис 2008 года.

В связи с тем, что бурного восстановления экономики пока не

наблюдается, прогнозировать увеличение доли сделок купли-продажи нового жилья по 100-процентной оплате в ближайшие годы оснований нет.

2) Покупка в кредит. Ипотека — хлопотная, но для многих покупателей единственно возможная схема покупки жилья. Перед тем как идти в банк за ипотечным кредитом, необходимо объективно оценить свою платежеспособность хотя бы на ближайшие несколько лет: проанализировать востребованность своей профессии, риски увольнения или закрытия предприятия.

К тому же, в отличие от скандинавских стран, где кредит на покупку жилья можно взять под 1,5~3% годовых, в России ипотечный кредит - очень дорогая для заемщика схема. Чаще всего ипотека выдается под 12~14% годовых, в итоге полная сумма выплат по кредиту через 12 лет может превышать стоимость квартиры более чем в два раза. Если ежемесячные выплаты в размере 30~50 тыс. рублей не пугают, то ипотека - вполне реальное решение квартирного вопроса.

Преимущество этой схемы в том, что она позволяет купить квартиру, имея на руках всего 10% от необходимой суммы или даже меньше. Все это делает приобретение жилья по ипотеке второй по популярности схемой.

3) Договор долевого участия - самая надежная и распространенная правовая схема приобретения квартиры в новостройке. При этом он не исключает возможности оплаты квартиры в рассрочку.

Как правило, оплата в рассрочку предоставляется покупателям, которые готовы оплатить сразу не менее 30~50% стоимости квартиры. Чаще всего рассрочку оформляют на срок от трех месяцев до трех лет. Платежи можно переводить ежеквартально, ежемесячно и еженедельно. Формально проценты с покупателя не взимаются, но нужно понимать, что бесплатный сыр встречается в природе крайне редко. Чаще всего объявление о беспроцентной рассрочке является маркетинговым ходом, на самом деле 8~12% годовых уже включены в цену квартиры, которая была бы дешевле в случае оплаты полной ее стоимости сразу.

4) Жилищные сертификаты - это особый вид облигаций, подтверждающий право владельца на получение квартиры либо субсидии на покупку и строительство жилья.

Выпуск жилищных сертификатов - часть федеральной программы «Жилище», номинал сертификата устанавливается в квадратных метрах и денежном эквиваленте. Выпускают жилищные сертификаты компании, обладающие правами заказчика на строительство жилья. Стать обладателем жилищных сертификатов могут очень немногие - их получают в порядке очереди военные, сотрудники МВД, ветераны ВОВ, молодые семьи и граждане, пострадавшие от стихийных бедствий и терактов. Причем только те из них, у кого нет иного жилья в собственности и даже по социальному найму.

Андрей А. МОСКАЛЕНКО
Профиль, апрель 2013 года

СЛОВА И ВЫРАЖЕНИЯ

дохо́д	수입, 소득	востре́бованность	인도, 요구
сде́лка	흥정, 거래, 계약	риск	리스크, 위험
нали́чные	현금의	увольне́ние	해고, 해임
выясня́ться	밝혀지다, 판명되다	долево́й	몫의
альтернати́вный	양자택일의	заёмщик	채무자
догово́р	계약, 협정	ежеме́сячный	매달의, 월 1회의
закла́дывание	넣다, 두다	приобрете́ние	취득, 구입(품)
яче́йка	(은행) 보관함	закры́тие	닫음, 파산
аккредити́в	신용장, 신용어음	надёжный	믿을 만한, 신뢰할 수 있는
затра́чиваемый	지출된, 소비된	распространённый	보급, 유포, 확대된
платежеспосо́бность	지불능력	новостро́йка	새로 건축하는 것, 새건물
взима́ться	(요금, 과료 등을) 징수하다	предоставля́ться	맡겨지다, 위임되다
прогнози́ровать	예상, 예측하다	рассро́чка	할부, 분할지급
до́ля	부분, 몫, 배당	ежекварта́льно	4분기, 매분기마다
основа́ние	창립, 기초, 기본	субси́дия	보조금
хло́потный	귀찮은, 성가신	благосостоя́ние	복지, 번영, 행복
объекти́вно	객관적으로	марке́тинговый	마케팅의
облига́ция	채권	сертифика́т	증(명)서, 증권

вы́йти на пе́рвое ме́сто	최고 자리(입지, 직책)로 올라가다
при ближа́йшем рассмотре́нии	가까운 심사에
в большинстве́ слу́чаев	대부분의 경우들에서
живы́е де́ньги	현금
подавля́ющее большинство́	압도적인 다수
сде́лка ку́пли-прода́жи	구매 및 판매 거래
скандина́вские страны́	스칸디나비아 국가
креди́т на поку́пку	구매 대출
взять креди́т под 3% годовы́х	연간 3% 대출을 받다
кварти́рный вопро́с	주택 문제

ЗАДАНИЯ

Выполните тест

1. Самый популярный способ оплаты -...

А) наличные деньги
Б) кредит
В) ипотека

2. Россияне покупают квартиру "живыми деньгами",...

А) так как не верят банкам
Б) потому что сначала продают своё старое жильё
В) так как нет кредитования

3. Благосостояние россиян в последнее время...

А) выросло
Б) улучшилось
В) ухудшилось

4. Чтобы взять ипотеку, нужно оценить...

А) свою платёжеспособность и зарплату
Б) экономическую ситуацию
В) банк

5. Плюс ипотеки в том, что...

А) можно купить квартиру с лёгкостью
Б) необходимо 10% от суммы квартиры
В) низкие процентные ставки в банке

6. Жилищный сертификат может получить...

А) каждый человек
Б) ограниченный контингент людей
В) пенсионер

Вопросы к тексту

A. Ответьте на вопросы.

1. Как называется статья?
2. В каком журнале она вышла?
3. Когда была издана эта статья?
4. Как зовут автора статьи?
5. О чем говорится в статье?
6. Какие способы оплаты при покупке квартиры существуют в России?
7. Какой способ самый популярный и почему?
8. Как оценивается благосостояние россиян?
9. Что такое ипотека?
10. Кто может получить жилищный сертификат?

Б. Составьте письменный пересказ статьи. Выразите ваше отношение к проблеме.

В. Выполните перевод содержания статьи на корейский язык.

ПРАКТИКА

☆ 단문에서 '원인'을 나타내는 표현들(5)

за + *что* (대격)		
награждён	за	участие
арестован		нарушение правил
осуждён		преступление

- ❑ Президент обязался освободить заключённых, осуждённых **за участие** в митинге.
- ❑ Несколько человек задержано сегодня полицией **за нарушение** правил дорожного движения.

☆ 복문에서 '원인'을 나타내는 표현들(1)

в результате того, что

- ❑ Эта партия потерпела поражение на выборах **в результате того, что** она является сторонницей проведения жёсткого курса.
- ❑ **В результате того, что** наша команда пловцов показала прекрасные достижения, Россия поднялась на первое место в командных соревнованиях.

в связи с тем, что

- ❑ Многие страны подняли свои учётные ставки **в связи с тем, что** они хотят сбить инфляционные процессы в своих странах.
- ❑ **В связи с тем, что** выставка вызвала большой отклик, было решено провести ее повторно.

Упражнения

A. Переведите фразы на русский язык, используя следующие выражения.

за	в результате того, что	в связи с тем, что

1. 법 위반으로 그는 투옥되었다.
2. 경제상황이 개선된 결과 러시아인들은 해외에서의 휴식에 대해 생각하기 시작했다.
3. 그는 범죄 혐의로 체포되었다.
4. 그는 자신의 일을 수행하지 않은 것과 관련해서 해고되었다.
5. 아파트 임대가격은 그것의 구매가격이 하락한 결과로 상승했다.

Б. Переведите следующие фразы на русский язык.

1. 가족은 신용으로 아파트를 샀다.
2. 그들은 대출을 받았다.
3. 군인의 가족은 주택 인증서를 받았다.
4. 그들은 현금을 지불한다.
5. 부동산 가격이 하락했다.

6 Урок

Наука

ПОЧИТАЕМ

СТАТЬЯ 1

Наука идет на взлет

Для России нет более важной задачи, чем возрождение производства передовых технологий на основе научных исследований и разработок, считает нобелевский лауреат по физике Жорес Алферов.

С этим заявлением он выступил на первой конференции экспертов «Сколково». По словам Жореса Алферова, в последние несколько лет в России сложилась хорошая тенденция - ученые, а главное, инвесторы перестали бояться инновационных проектов. Спрос на них все выше и выше.

И если вспоминать историю 20-го века и проводить параллели, то можно сделать прогноз, что не за горами очередной взлет российской науки, считает нобелевский лауреат:

"В свое время был советский атомный проект, который являлся ответом на другой очень успешный инновационный проект - Манхэттенский. С моей точки зрения, в 20-м веке они были самыми успешными, причем эти проекты послужили не только в деле развития систем вооружения, но и стали основой для огромного количества новых технологий и научных исследований".

Сегодня двигателем инноваций в России является центр "Сколково". Жорес Алферов там сопредседатель консультативного научного совета. Он занимается отбором проектов, которые становятся резидентами

"Сколково" и получают специальное финансирование. В состав совета входят представители как российских, так и западных научных кругов. Все они одинаково позитивно настроены относительно развития науки в России, говорит Жорес Алферов:

"Сорок процентов членов научного совета "Сколково" – это наши зарубежные коллеги. Я бы хотел подчеркнуть, что прошедшие заседания научно-консультативного совета показали, что мы имеем схожую точку зрения, все заинтересованы в усовершенствовании науки в России. Она должна иметь много центров развития, одним из которых станет "Сколково". И, я всегда подчеркиваю, "Сколково" - это не территория, а определенная идеология поддержки развития и реализации научно-технических разработок". Также нобелевский лауреат добавил, что в ситуации, когда число инновационных проектов быстро растет, важно вовремя сориентироваться и выделить основную линию развития науки. В первую очередь должны финансироваться самые перспективные и необходимые исследования. Таковыми сегодня являются разработки в области физики, медицины, информационных технологий и, конечно, энергетики.

Анастасия Першкина

Голос России, 7 декабря 2011 года

СЛОВА И ВЫРАЖЕНИЯ

возрожде́ние	부흥, 부활, 재생,	консультати́вный	상담의, 협의의
разрабо́тка	경작, 개발, 광산채굴	отбо́р	선출, 꺼내는 것
конфере́нция	(국가 또는 사회단체의) 대표자 회의	позити́вно	실제(현실)적으로, 긍정적으로
относи́тельно	상대적으로, 비교적으로	станови́ться	서다, 되다, 일어나다
тенде́нция	경향	резиде́нт	본국대표, 외국인
инве́стор	투자자	финанси́рование	재정, 재무
переста́ть	중지하다, 그만두다	заседа́ние	회의, 모임
дви́гатель	모터, 엔진, 발동기	схо́жий	비슷한
инновацио́нный	혁신적인	настро́ен на что	건축, 건설, 구성한
спрос	요구, 요청, 수요	нау́чный сове́т	연구위원회
прогно́з	예상, 예측	ориенти́роваться	어떤 것을 목표·목적으로 하다
очередно́й	당면한, 순번의	сопредседа́тель	공동 의장
а́томный	원자의	усоверше́нствование	완성, 개선, 개량
успе́шный	성과가 좋은, 성공적	подчёркивать	강조·역설하다
послужи́ть	근무하다, 봉직하다	подде́ржка	지지, 지원, 협력
сложи́ться	이루어지다	идеоло́гия	관념학(론), 공리 이데올로기

идти́ на взлёт	상승하다
нет бо́лее ва́жной зада́чи, чем	~보다 더 중요한 과제는 없다
передовы́е техноло́гии	선진 기술, 첨단 기술
но́белевский лауреа́т по чему	무엇에 관한 노벨상 수상자
он вы́ступил с этим заявле́нием	그는 이러한 성명서를 연설했다
проводи́ть паралле́ли	평행선을 긋다
с мое́й то́чки зре́ния,	나의 관점에서
в соста́в чего вхо́дят ...	일원으로 되다, 성분을 이루다
нау́чный круг	학자 커뮤니티
Я бы хоте́л подчеркну́ть, что...	나는 ~을 강조하고 싶다

ЗАДАНИЯ

Выполните тест

1. Важнейшей задачей России в области науки является...

А) развитие передовых технологий
Б) развитие вооружения
В) создание новой системы

2. Жорес Алферов - это...

А) популярный политик
Б) известный бизнесмен
В) нобелевский лауреат по физике

3. В России можно наблюдать тенденцию -...

А) учёные неактивно ведут научную работу
Б) бизнесмены и ученые не бояться инновационных проектов
В) бизнесмены не вкладывают средства в проекты ученых

4. Центр "Сколково" - это...

А) двигатель новой модели
Б) город науки, центр передовых исследований
В) город в России

5. В Сколково Ж. Алферов занимается...

А) финансированием проектов
Б) написанием статей
В) отбором научных проектов

6. В первую очередь должны финансироваться проекты в области...

А) физики, медицины, информационных технологий, энергетики
Б) физики, химии, истории
В) информатики, электроэнергии

Вопросы к тексту

А. Ответьте на вопросы.

1. Как называется статья?
2. Где она вышла?
3. Когда была издана эта статья?
4. Как зовут автора статьи?
5. О чем говорится в статье?
6. Чем известен Жорес Алферов?
7. Что представляет собой Сколково?
8. Какие направления в науке планируется развивать и финансировать в России?
9. Что такое передовые технологии? Приведите примеры.
10. Каких деятелей науки России вы знаете?

Б. Составьте письменный пересказ статьи. Выразите ваше отношение к проблеме.

В. Выполните перевод содержания статьи на корейский язык.

СТАТЬЯ 2

Новое открытие нобелевских лауреатов Гейма и Новоселова

Команда британских ученых под руководством нобелевских лауреатов по физике 2010 года, выходцев из России Андрея Гейма и Константина Новоселова создали новую модификацию графена - фторографен.

Как пишет научный журнал Small, специализирующийся на изучении нанотехнологий, этот материал по своим свойствам близок к тефлону и способен выдерживать высокие температуры до 400 градусов.

В исследовательскую группу Манчестерского университета вошли ученые из России, Польши и Китая. Как говорится в статье, открытие основано на необычных свойствах графена - двумерной поверхности, состоящей из одного слоя атомов углерода, сообщает РИА "Новости". Напомним, что именно за исследование свойств графена выпускники Московского физико-технического института(МФТИ) Гейм и Новоселов в октябре получили Нобелевскую премию.

Графен, представляющий собой срез кристаллической решетки графита, ученые получили в 2004 году. Новый материал обладает рядом уникальных характеристик - хорошей проводимостью, прозрачностью и плотностью. Этому материалу прочат большое будущее в микроэлектронике.

Одним из направлений исследований было положение, что лист графена рассматривается как гигантская молекула, которая может участвовать в химических реакциях.

В итоге было решено попробовать получить другие стабильные производные графена с использованием веществ, которые образуют более прочные химические связи, чем водород. Успехом увенчались попытки применить в создании нового материала фтор.

Фторографен(флюорографен) представляет собой двухмерный аналог тефлона, который, в свою очередь, состоит из одномерных цепочек атомов углерода с присоединенными к нему атомами фтора. Ученые предлагают рассматривать его в качестве аналога фторографита, который используется в аккумуляторах и в качестве твердой смазки.

Новый материал имеет механическую прочность графена, но в отличие от него не проводит электричество - его сопротивление превышает 1 трлн Ом. Фторографен устойчив к воздействию высоких температур и выдерживает нагрев до 400 градусов Цельсия. По мнению исследователей, новое вещество можно будет использовать при производстве дисплеев и оптических устройств, а также в электронных приборах, где необходимы сверхтонкие изоляторы.

Андрей Гейм и Константин Новоселов работают в британском Университете Манчестера с начала 2000-х годов, эмигрировали из России они еще в 1990-х. Гейм является гражданином Нидерландов, Новоселов имеет двойное гражданство - РФ и Великобритании. Ранее оба ученых были сотрудниками физических институтов в подмосковной Черноголовке.

Как отмечал в одном из интервью Андрей Гейм, в Англии он понял, что в течение 6 месяцев там можно сделать то же самое, что в

России в 90-х годах сделать в течение 10 или 20 лет. "И для экспериментатора, которому нужна аппаратура, средства для исследований, условия работы здесь и там были настолько различные, что даже вопроса не стояло оставаться или нет. Оставаться в России было для меня все равно, что жизнь потратить на борьбу с ветряными мельницами, а работа для меня - хобби, и тратить свою жизнь на мышиную возню абсолютно не хотелось", - пояснил нобелевский лауреат.

Сразу после объявления о вручении премии Гейму и Новоселову руководитель департамента международного сотрудничества фонда, курирующего строительства наукограда "Сколково" Алексей Ситников заявил журналистам, что готов пригласить нобелевских лауреатов к участию в проекте. Однако как Гейм, так и Новоселов категорически отказались от такой идеи. Гейм в грубой форме дал понять, что идея этого наукограда в РФ бесперспективна.

РИА-Новости, 10 ноября 2010 года

СЛОВА И ВЫРАЖЕНИЯ

вы́ходец	이민, 이주자	облада́ть	소유·점유하다
модифика́ция	수정, 변형	уника́льный	유일한, 휘귀한
графе́н	그래핀(탄소물질)	пло́тность	농도, 밀도, 비중
фторографе́н	플루오르그래핀	прозра́чность	투명, 맑음, 투명도
нанотехноло́гия	나노 기술	проводи́мость	전도성, 전도율
тефло́н	테플론	гига́нтский	거대한, 아주 큰
выде́рживать	떠받치다, 자제하다, 숙성 시키다	моле́кула	분자
необы́чный	이상한, 독특한	стаби́льный	안정된, 고정된
сво́йство	성질, 특성, 특질	про́чный	견고한, 단단한
двуме́рный	두 가지 차원의	водоро́д	수소
пове́рхность	표면, 외면	фтор	불소
слой	층, 계층	примени́ть	적용·응용·사용하다
а́том	원자, 미분자	ана́лог	유사물, 유사체
углеро́д	탄소	присоединённый	병합된
срез	자름, 절단(면)	аккумуля́тор	축전지. 축력기
кристалли́ческий	수정(질)의, 투명한, 결정성(형태)의	сма́зка	주유, 윤활유(제)
решётка	격자모양으로 만든것	сопротивле́ние	저항, 대항

как пи́шет нау́чный журна́л,...	과학저널에서 쓴 바와 같이
как говори́тся в статье́,...	기사에서 말한 바와 같이
РИА "Новости" сообща́ет, что...	RIA “뉴스”에서 ~라고 보도한다
облада́ть ря́дом характери́стик	많은 특징들을 가지고 있다
прочи́ть большо́е бу́дущее	큰 미래를 희망하다
хими́ческая реа́кция	화학 반응
в ито́ге	요컨대, 결국
увенча́ться успе́хом	성공·성취하다
проводи́ть электри́чество	전기를 보내다, 끌다
опти́ческое устро́йство	광학구조(기구)
борьба́ с ветряны́ми ме́льницами	무의미한 일들의 퇴치운동

ЗАДАНИЯ

Выполните тест

1. Гейм и Новоселов - это...

А) нобелевские лауреаты по химии
Б) нобелевские лауреаты по физике
В) ученые-биологи

2. Гейм и Новоселов создали...

А) новую программу
Б) новую модель оптического прибора
В) новую модификацию графена

3. Открытие основано на ...

А) необычных свойствах графена
Б) терпении ученых
В) щедром финансировании проекта

4. Графен обладает уникальными характеристиками...

А) хорошая проводимость, прозрачность, плотность
Б) непроводимость, прозрачность
В) плотность и плохая проводимость

5. Графен используется в...

А) микроскопе
Б) микроэлектронике
В) электрике

6. Фторографен будет использоваться в...

А) производстве роботов
Б) создании компьютеров
В) производстве дисплеев и оптических устройств

Вопросы к тексту

А. Ответьте на вопросы.

1. Как называется статья?
2. Где она вышла?
3. Когда была издана эта статья?
4. Как зовут автора статьи?
5. О чем говорится в статье?
6. Кто Андрей Гейм и Константин Новосёлов?
7. Какое научное открытие они сделали?
8. Где работают ученые?
9. Почему они уехали из России?
10. Что они думают о научном городе Сколково?

Б. Составьте письменный пересказ статьи. Выразите ваше отношение к проблеме.

В. Выполните перевод содержания статьи на корейский язык.

ПРАКТИКА

☆ 복문에서 '원인'을 나타내는 표현들(2)

поскольку

- Банк перевести валюту не успел, **поскольку** в январе счёт во Внешэкономбанке был заморожен.
- Производство нового продукта было продолжено, **поскольку** его качество и характеристики соответствовали всем стандартам.

ибо

- Два политических лидера примут участие во втором туре президентских выборов, **ибо** они опередили соперников из других партий.
- Нет больше необходимости рассказывать об этом, **ибо** всё уже и так ясно.

так как

- Знатоки бизнеса далеки от оптимизма, **так как** проблемы, связанные с предоставлением транспортных услуг, остаются во многом нерешёнными.
- Выступление наших спортсменов можно считать успешным, **так как** они показали хорошие результаты.

Упражнения

А. Переведите фразы на русский язык, используя следующие выражения.

поскольку	ибо	так как

1. 우리가 이미 알고 있기 때문에, 그것에 대해 얘기할 필요가 없다.

2. 그는 비밀 활동에 종사했기 때문에 과학 연구소의 개관에 대해 아무 말도 하지 않았다.

3. 폭우가 내리고 있기 때문에 우리의 여행은 취소된다.

4. 과학자들은 필요한 자금들을 받았기 때문에 연구를 계속했다.

5. 과학의 발전은 중요한 과제인데, 그것은 국가의 미래가 여기에 달려있기 때문이다.

Б. Переведите следующие фразы на русский язык.

1. 러시아는 적극적으로 과학 프로젝트들을 개발하고 있다.

2. Сколково는 러시아에서 새로운 과학 도시이다.

3. К. Новосёлов 와 Ж. Алфёров는 노벨물리학상 수상자들이다.

4. 러시아의 중요한 과제는 새로운 기술들을 개발하는 것이다.

5. 그는 새로운 프로젝트를 개발하고 있다.

7 Урок

Технологии

ПОЧИТАЕМ

СТАТЬЯ 1

Обзор популярных российских Интернет-провайдеров

"Комстар" занимает первую строчку в рейтинге лучших Интернет-провайдеров на территории России. Впервые о компании услышали в 2004 году, когда, объединившись, "МТУ-Информ", "Комстар" и "Телмос" стали предоставлять интернет-трафик своим потребителям от имени провайдера "Комстар - Объединенные ТелеСистемы".

К настоящему времени лейбл компании "Комстар" известен в России уже 20 лет. "Комстар" принадлежит порядка 11,9% всего рынка интернет-трафика Российской Федерации. Аудитория этого провайдера была более чем 1124 тысяча частных абонентов уже в 2009 году.

На втором месте по праву располагается "Вымпелком", который, являясь одновременно и крупнейшим оператором сотовой связи, имеет возможность обеспечить своих абонентов вполне качественным интернет-трафиком. Аудитория "Вымпелкома" составляет около 883,7 тысяч абонентов, что примерно равняется 9,4% от общего рынка широкополосного доступа в России.

"Волгателеком" является самой крупной провайдерской компанией в Поволжье, а на территории России занимает почетное третье место по популярности среди абонентов. Компания основана в 2002 году как результат объединения 11 операторов связи. К 2009 году количество обслуживаемых абонентов компании выросло до 780 тысяч, что составляло на тот момент 8,3% всего общероссийского рынка.

На четвертом месте находится интернет-провайдер "Центртелеком", считающийся одним из крупнейших операторов стационарной связи в стране. Количество обслуживаемых абонентов на 2009 год – около 770 тысяч (8,2% общего рынка).

Пятую строчку рейтинга крупнейших Интернет-провайдеров Российской Федерации занимает "Северо-Западный Телеком" или "СЗТ". В Санкт-Петербурге "СЗТ" - основной провайдер интернет-трафика. Созданный в 2001 году, "Северо-Западный Телеком" обеспечил трафиком к 2009 году 7,4% рынка российских потребителей, что составляет 694,65 тысяч человек.

Среди наиболее популярных провайдеров широкополосного интернета на территории России также известны такие компании как: "АКАДО", "Эр-Телеком", "Уралсвязьинформ", "Сибирьтелеком" и "Южная телекоммуникационная компания". Общая доля на рынке предоставления услуг доступа к интернету этих компаний колеблется от 7,2% у "АКАДО" (кстати, самого популярного провайдера на рынке Москвы) до 4,3% у "ЮТК" ("Южная телекоммуникационная компания").

STZ.ru, июль 2013 года

СЛОВА И ВЫРАЖЕНИЯ

провáйдер	공급자	услýга	원조, 봉사, 서비스
услы́шать	듣다, 알다	колебáться	진동·동요하다
трáфик	교통(량)	основáть	기초를 형성하다
потреби́тель	소비자, 수요자	объединéние	단합, 합동, 연합
лейбл	상표, 브랜드	оперáтор	기계공, 녹음사, 촬영가(기사), 통신사
абонéнт	가입자	компáния	일행, 상사, 회사
располагáться	주재·주둔하다, 계획·기도하다	коли́чество	수량
сóтовый	벌집의	крупнéйший	가장 큰, 최대의
обеспéчить	보장·공급·지급하다	связь	연결, 관계, 통신
кáчественный	질적인, 질이 좋은	возмóжность	가능성
равня́ться	동일하다	óбщий	일반의, 보통의, 공통의, 전체적인
широкополóсный	광대역의	впервы́е	최초로, 처음으로
дóступ	접근, 통과, 허용	стрóчка	줄, 글
провáйдерский	공급자의	предоставлéние	허락, 분배, 할당
почётный	명예 있는, 명예로운	результáт	결과
составля́ть	형성·조직하다	обслýживаемый	공급된, 지급된
стационáрный	상설의, 고착된	прáво	법, 권리

поря́дка 11,9% всегó ры́нка	대략 전 시장의 11.9 %
оснóван как результáт объединéния	합병의 결과로 설립되다
óбщая дóля	전체 수량
телекоммуникациóнный	통신
по прáву	권리에 따라
предоставля́ть услýги от и́мени	회사의 이름으로 서비스를 제공하다
занимáть пéрвую стрóчку	최고 자리(입지, 지위)를 차지하다
располагáться на вторóм мéсте	두 번째 자리(입지, 지위)에 위치하다
"N" явля́ется крýпной компáнией	"N" 는 큰 회사이다
находи́ться на четвёртом мéсте	네 번째 자리(입지, 지위)에 위치하다

ЗАДАНИЯ

Выполните тест

1. Самый лучший провайдер в России - это...

А) "Акадо"
Б) "Комстар"
В) "Центртелеком"

2. "Комстар" возник после объединения...

А) с иностранными партнёрами
Б) стран СНГ
В) трёх компаний

3. "Комстар" на рынке интернет-услуг...

А) 2 года
Б) 10 лет
В) уже два десятилетия

4. Одновременно оператор сотовой связи и интернет-провайдер - это...

А) "Вымпелком"
Б) "Центртелеком"
В) "Эр-Телеком"

5. Широкополосный интернет предлагает...

А) три компании
Б) пять компаний
В) новые компании

6. Крупнейший оператор стационарной связи -...

А) "Вымпелком"
Б) "Сибирьтелеком"
В) "Центртелеком"

Вопросы к тексту

А. Ответьте на вопросы.

1. Как называется статья?
2. Где она вышла?
3. Когда была издана эта статья?
4. О чем говорится в статье?
5. Какие популярные компании предлагают услуги интернета в России?
6. Кто лидер интернет-услуг?
7. Расскажите о компании "Комстар".
8. Какое место занимает компания "Вымпелком"?
9. Кто предлагает широкополосный интернет в России?
10. Что вы думаете о роли интернета в жизни человека?

Б. Составьте письменный пересказ статьи. Выразите ваше отношение к проблеме.

В. Выполните перевод содержания статьи на корейский язык.

СТАТЬЯ 2

Мобильный Интернет в России становится доступнее

Аналитики J'son and Partners Consulting в сентябре - октябре 2013 года по заказу Google провели исследование "Мобильный Интернет в России".

Согласно результатам исследования, на конец первого полугодия в России насчитывалось приблизительно 40 миллионов человек, которые активно(то есть, по мнению J'son and Partners Consulting, не реже чем 1 раз в месяц) пользуются мобильным Интернетом. При этом, средняя стоимость 1 Мбайт трафика в первом полугодии составила 3 рубля.

Чаще же всего для выхода в Сеть не со стационарных ПК и ноутбуков используются смартфоны. Именно с них передается около 75% от суммарного трафика передачи данных с мобильных устройств, который равняется 25 Петабайтам. Средний трафик на одного пользователя смартфона составил 121 Мб в месяц.

У популярности смартфонов есть разумное объяснение: за последние три года смартфоны подешевели в среднем на 33%, в то время как их производительность и возможности выросли в два и три раза соответственно. Более того, за указанный период появилось большое количество смартфонов "начального" уровня стоимость до $200, что, естественно, повлекло увеличение спроса как раз на эту категорию.

В ходе исследования удалось выяснить, что 32% владельцев смартфонов используют мобильный Интернет ежедневно, а около половины - от 4 до 7 дней в неделю. Для поиска в Интернете смартфоны ежедневно используют 40% пользователей. Онлайн-видео на смартфонах смотрят хотя бы раз в неделю 28% пользователей, для пользователей ПК аналогичный показатель составляет 85%. Кроме того, 52% пользователей хотя бы раз в неделю используют свои смартфоны для доступа к социальным сетям. Пятая часть всех владельцев смартфонов использовали их для получения информации о товарах при совершении покупок. 23% респондентов сообщили, что уже совершали покупки при помощи смартфона, а около половины из них сделали покупку при помощи смартфона за последний месяц.

Чаще всего смартфонами пользуются дома, а основными мотивами пользователи называют "скоротать время", "доступ в Интернет в отсутствие других способов" и "потребность срочно получить необходимую информацию". Среди других самых популярных целей использования мобильного Интернета на смартфонах респонденты указали чтение электронной почты, прослушивание музыки, а также просмотр видео и веб-сайтов.

Интересно, что при использовании мобильного Интернета 90% пользователей обращают внимание на мобильную рекламу.

Среди пользователей смартфонов преобладают люди в возрасте от 18 до 34 лет. Для многих из них смартфон на платформе Android стал первым "умным" телефоном. Стоит отметить, что пользователи Android и iOS в среднем моложе пользователей Windows Mobile и Symbian. Доля пользователей смартфонов со стажем более 1 года среди приверженцев Windows Mobile и Symbian значительно выше, чем доля "опытных" пользователей Apple и Android.

На конец первого полугодия 2011 года в среднем пользователь имел 15 установленных приложений, из которых в течение последних 30 дней использовал 6. Доля платных приложений составляла 20% от общего числа установленных программ. При этом в магазинах приложений большая часть софта являлась платной. Средняя стоимость одного приложения составляла $3,62. За период с 2009 года по настоящее время количество загрузок приложений увеличилось почти в 10 раз. Наиболее популярными являются игры и развлекательные приложения.

Сергей Ильин
CHIP, 27 октября 2013

СЛОВА И ВЫРАЖЕНИЯ

приблизи́тельно	대략, 약, 대충	соотве́тственно	적합하게, 알맞게, 상응하게
полуго́дие	반년, 6개월	ука́занный	지정한
насчи́тывать	계산하다, ~의 수를 가지다	преоблада́ть	우세하다, 뛰어나다, 탁월하다
акти́вно	적극적으로	катего́рия	종류, 부류, 범주
моби́льный	가동성의, 신속하게 움직이는	передава́ться	전달되다, 서로 주고받다
сре́дний	중간의, 보통인	владе́лец	소유자, 경영자
ПК	컴퓨터	аналоги́чный	서로 비슷한, 유사한
ноутбу́к	노트북	соверше́ние	완성, 마무리
смартфо́н	스마트 폰	моти́в	동기, 근거, 이유
уда́ться	성공하다, 잘되다	скорота́ть вре́мя	속도 시간
сумма́рный	총체적, 총괄적	респонде́нт	통신원
разу́мный	분별 있는, 합리적인	прослу́шивание	청취의
объясне́ние	설명, 해석	просмо́тр	조사, 검사, 측량
подешеве́ть	값을 싸게 매기다	веб-са́йт	웹 사이트
производи́тельность	생산성(력)	повле́чь	끌다, 초래하다

провести́ иссле́дование по зака́зу	의뢰한 연구를 수행하다
согла́сно результа́там чего	~의 결과에 따라
по мне́нию кого	~의 견해에 따라
сто́имость составля́ет...	비용은 ~에 달한다
есть разу́мное объясне́ние	합리적인 설명이 있다
электро́нная по́чта	이메일
в хо́де иссле́дования	연구 중에
раз в неде́лю	일주일에 한 번
социа́льная сеть	소셜 네트워크
пя́тая часть всех владе́льцев	모든 소유자들의 1/5

ЗАДАНИЯ

Выполните тест

1. Аналитики консалтинговой компании провели...

А) исследование "Мобильный интернет в России"
Б) конференцию "Мобильный интернет в России"
С) форум "Мобильный интернет в России"

2. Согласно результатам, в России...

А) выросло число интернет-провайдеров
Б) выросло число тех, кто использует мобильный интернет
В) снизилась популярность интернета

3. Для выхода в сеть используют...

А) ноутбуки
Б) домашние компьютеры
В) смартфоны

4. Популярность смартфонов основана на...

А) низкой цене и качестве
Б) высоком качестве
В) высокой цене

5. Большинство россиян использует мобильный интернет...

А) редко
Б) почти каждый день
В) только на работе

6. Самая популярная цель использования мобильного интернета...

А) просмотр кино и видео
Б) просмотр новостей
В) просмотр почты

Вопросы к тексту

А. Ответьте на вопросы.

1. Как называется статья?
2. Где она вышла?
3. Когда была издана эта статья?
4. Как зовут автора статьи?
5. О чем говорится в статье?
6. Что такое мобильный интернет?
7. Как россияне пользуются мобильным интернетом?
8. Какие у них цели использования?
9. Как часто россияне выходят в сеть?
10. Как обстоит ситуация с использованием мобильного интернета в Корее?

Б. Составьте письменный пересказ статьи. Выразите ваше отношение к проблеме.

В. Выполните перевод содержания статьи на корейский язык.

ПРАКТИКА

☆ 단문에서 '목적'을 나타내는 표현들(1)

для + *чего* (생격)	
для	выборов голосования переговоров

❑ В ООН создана комиссия **для подготовки** международного договора о запрещении ядерных испытаний.

❑ **Для проведения** выборов была разработана определенная система.

в целях + *чего* (생격)	
в целях	улучшения повышения безопасности

❑ **В целях безопасности** все суда должны иметь дополнительные защитные средства.

❑ **В целях улучшения** качества продукции была проведена повторная проверка.

с целью + *чего* (생격)	
с целью	применения распространения решения

❑ Закон о чрезвычайном положении был принят в прошлом году **с целью вывода** страны из экономического кризиса.

❑ Правительство расширяет контакты с соседним государством **с целью содействия** происходящим там экономическим и политическим реформам.

Упражнения

А. Переведите фразы на русский язык, используя следующие выражения.

для	в целях	с целью

1. 이 문제를 해결하기 위해 정부는 특수 그룹을 만들었다.

2. 연구의 질을 개선할 목적으로 새로운 방법들을 찾고 있다.

3. 계약에 서명하기 위해 책임자는 이 기업을 방문했다.

4. 문제를 해결하기 위해 에너지 넘치는 사람들이 필요하다.

5. 안전을 위해 경찰은 공항을 확인했다.

Б. Переведите следующие фразы на русский язык.

1. 이 회사는 세 개의 회사들을 합병한 후에 설립되었다.

2. 현대 젊은이들은 적극적으로 인터넷을 사용하고 있다.

3. 공급자들은 좋은 서비스들을 제공하고 있다.

4. 현재 러시아인들은 널리 모바일 인터넷을 사용하고 있다.

5. 그러나 Wi-Fi 네트워크는 여전히 저조하게 개발되어 있다.

8 Урок

Экология

ПОЧИТАЕМ

СТАТЬЯ 1

Экстремальное десятилетие

Ураган «Катрина» в США, 2005 год. Вид из космоса

Последние десять лет побили рекорды осадков и экстремальной жары, утверждает Всемирная метеорологическая организация ООН.

Циклон "Наргис" в Мьянме, ураган "Катрина" в США, аномальная жара в Европе и России, наводнения в Пакистане - перечислять природные аномалии последних десяти лет можно бесконечно. В своем новом докладе Всемирная метеорологическая организация ООН подводит итоги первого десятилетия двадцать первого века.

Из-за жары все быстрее тают льды Гренландии, Арктики и Антарктики. Вследствие этого уровень Мирового океана за последние десять лет повысился на три миллиметра. А по сравнению с уровнем 1880 годом - на 20 сантиметров.

Прошедшее десятилетие стало рекордным и по количеству выпавших осадков. Полтысячи тропических ураганов и ливней, 170 тысяч погибших и 380 миллиардов долларов ущерба. Последний раз такие цифры были сто лет назад - в 1901 году.

Резкое повышение температуры затронуло практически все страны. А количество жертв стихийных бедствий выросло на 20 процентов по сравнению с 1990 годами.

Как отмечают ученые, главной причиной экстремальной погоды стало увеличение концентрации парниковых газов в атмосфере. По сравнению с 1750 годом количество оксида азота увеличилось на 20 процентов, углекислого газа - на 39 процентов, метана - на 158 процентов.

"Десятилетие - это минимальный срок, за который можно обнаружить изменения температуры. Мы делаем все возможное, чтобы оценить тенденции и попытаться спрогнозировать будущее", - отмечает генеральный секретарь Всемирной метеорологической организации Мишель Жарро.

Екатерина Курмышева
Журнал "ГЕО", июль 2013 года

СЛОВА И ВЫРАЖЕНИЯ

оса́дки	눈비, 강수량	поги́бший	재난으로 죽은, 멸망한
экстрема́льный	극도의, 과격한	уще́рб	손해, 손실
жара́	무더위	ре́зкий	날카로운, 격렬한
утвержда́ть	확언·확립하다	затро́нуть	언급하다
метеорологи́ческий	기상학의. 기상의	практи́чески	실제적으로
цикло́н	태풍, 선풍	же́ртва	희생자, 조난자
урага́н	태풍, 폭풍	концентра́ция	집중, 전념, 전심
анома́льный	변칙의, 이상의	атмосфе́ра	대기, 공기
наводне́ние	홍수, 범람	обнару́жить	나타내다, 보이다
перечисля́ть	열거하다	температу́ра	온도, 체온, 기온
анома́лия	변칙, 이상, 근점 이각	мета́н	메탄가스, 소기
бесконе́чно	무한히, 끝없이	реко́рдный	기록적인, 최고의
десятиле́тие	10주기, 10년간	попыта́ться	시도하다, 꾀하다
та́ять	녹다	спрогнози́ровать	예상·예측하다
повы́ситься на	높아지다, 향상되다	проце́нт	백분율, 퍼센트
вы́павший	(비,눈 등이)내린	бе́дствие	재난, 참사
тропи́ческий	열대(지방)의	стихи́йный	자연의, 자연 발생적
ли́вень	강우, 폭우, 소나기	сантиме́тр	센티미터(cm)

поби́ть реко́рд	기록을 깨뜨리다
по сравне́нию с чем	~와 비교하여
подводи́ть ито́ги чего	총결산하다
мирово́й океа́н	대양
ООН	국제연합
как отмеча́ют учёные,...	학자들이 언급한 바와 같이
парнико́вый газ	온실 가스
окси́д азо́та	산화질소
углеки́слый газ	이산화탄소
генера́льный секрета́рь	총무장관, 서기장
де́лать всё возмо́жное	가능한 모든 것을 하다

ЗАДАНИЯ

Выполните тест

1. Всемирная метеорологическая организация ООН заявляет...

А) о улучшении состояния экологической обстановки
Б) о рекорде выпавших за последнее время осадков
В) о таянии льдов

2. К природным аномалиям относятся...

А) циклоны, ураганы, жара, наводнения
Б) дожди и снег
В) таяние снегов

3. Из-за повышения температуры воздуха...

А) на планете тепло
Б) становится трудно дышать
В) идет таяние ледников

4. За последние 10 лет уровень мирового океана...

А) повысился на 3 мм
Б) понизился на 3 мм
В) 3 мм

5. Ураганы и ливни приводят...

А) к повышению уровня жизни
Б) к повышению уровня Мирового океана
В) к повышению уровня смертности на планете

6. Главная причина экстремальной погоды - это...

А) приближение конца света
Б) концентрация парниковых газов в атмосфере
В) загрязнение океана

Вопросы к тексту

А. Ответьте на вопросы.

1. Как называется статья?
2. В каком журнале она вышла?
3. Когда была издана эта статья?
4. Как зовут автора статьи?
5. О чем говорится в статье?
6. Чем занимается Международная метеорологическая служба ООН?
7. О чем сообщила данная служба?
8. Что такое природные аномалии?
9. Какова главная причина экстремальной погоды?
10. Какие экологические катастрофы угрожают миру?

Б. Составьте письменный пересказ статьи. Выразите ваше отношение к проблеме.

В. Выполните перевод содержания статьи на корейский язык.

СТАТЬЯ 2

Выпотрошенная планета

Нарастающий дефицит сырья может вернуть человечество в доиндустриальную эпоху.

Современная цивилизация зависит от нефти, редких металлов и фосфатов, которые вскоре она уже не сможет себе позволить. Такие выводы делают исследователи общественной организации "Римский клуб" в своем новом докладе "Выпотрошенная планета". В нем говорится о сокращении ресурсов и крахе экосистемы. "Еще до того, как полезные ископаемые закончатся, мир уже не сможет их добывать", - предостерегает один из авторов доклада итальянский химик Уго Барди.

Скоро для добычи нефти и газа придется тратить больше энергии, чем в итоге будет добываться. "Уже сейчас горнодобывающая промышленность потребляет десять процентов всего дизельного топлива, производимого в мире", - пишет Барди. На Земле остались лишь низкие концентрации залежей полезных ископаемых, и чтобы добыть их, придется применять дорогие технологии.

По мнению ученого, нехватка энергетического сырья, разрушение экосистем, растущие выбросы парниковых газов, загрязнение океанов и прибрежных зон вскоре превратят Землю в совершенно другую планету. Если человечество не адаптируется к сырьевому дефициту, оно вернется в доиндустриальную эпоху. Придется отказаться от скоростных автомобильных дорог и самолетов, хотя благодаря солнечной энергии человечество сможет по-прежнему пользоваться интернетом, разной техникой и обеспечивать себя продовольствием.

Новый документ - это уже 33 работа "Римского клуба", в который входят политики, ученые, деятели культуры и предприниматели из 30 стран мира. Некоммерческая организация была основана в 1968 году по инициативе итальянского промышленника Аурелио Печчеи и шотландского ученого Александра Кинга в Риме.

Екатерина Максимова
Журнал "ГЕО", июль 2013 года

СЛОВА И ВЫРАЖЕНИЯ

нараста́ющий	자라는, 우거지는	концентра́ция	집중, 전념, 전심,
дефици́т	결손, 결핍	за́лежь	광층, 탄층
верну́ть	돌려주다	применя́ть	적용·사용하다
челове́чество	인류, 인간, 사람	техноло́гия	기술, 공학
доиндустриа́льный	산업전의	нехва́тка	부족, 결핍
цивилиза́ция	문명, 문명사회	разруше́ние	파괴, 와해, 붕괴
ре́дкий	드문, 흔하지 않은	вы́брос	(화산 등의)분출
тра́тить	쓰다, 소비하다, 낭비하다	загрязне́ние	환경 파괴, 공해, 오염
докла́д	보고서	преврати́ть	바꾸다, 전환하다
сокраще́ние	단축, 감소, 축소	плане́та	행성, 지구, 유성
ресу́рс	자원	адапти́роваться	적응하다
крах	붕괴, 와해, 분리	де́ятель	활동가
экосисте́ма	생태계	скоростно́й	(고)속도의
добыва́ть	(노력해서)얻다, 벌다, 채취하다	по-пре́жнему	여느(보통)때와 같이, 여전히
предостерега́ть	경고·경계·주의하다	обеспе́чивать	생활을 보장하다, 안전하게 하다
фосфа́т	인산염, 인광	продово́льствие	식량, 식료품, 양식
горнодобыва́ющий	채광의	предпринима́тель	기업가, 전문경영자
ди́зельный	디젤 엔진의	промы́шленник	기업주. 실업가
то́пливо	연료	шотла́ндский	스코틀랜드의, 스코틀랜드 사람의

смочь себе́ позво́лить	스스로 ~을 하도록 하다
поле́зные ископа́емые	유용 광물
прибре́жная зо́на	해안지역
де́ятель культу́ры	문화 활동가
организация была́ осно́вана когда	기관은 언제 조직되었다
осно́вана по инициати́ве кого	~의 주도에 의해 설립되다
по мне́нию учёного,...	학자의 견해에 따르면
оди́н из а́второв	저자들 중 한 명

ЗАДАНИЯ

Выполните тест

1. Человек может вернуться в доиндустриальную эпоху...

А) из-за загрязнения воды
Б) из-за нехватки сырья
С) из-за загрязнения воздуха

2. Современный мир зависит от...

А) золота, редких металлов
Б) газа, нефти, золота
В) нефти, редких металлов, фосфатов

3. В докладе "Выпотрошенная планета" говорится о...

А) сокращении ресурсов и разрушении экосистемы
Б) экологических проблемах
В) добыче полезных ископаемых

4. Чтобы добыть залежи полезных ископаемых, надо...

А) использовать дешевый рабочий труд
Б) применять дорогие технологии
В) использовать солнечную энергию

5. Земля изменит свое лицо из-за...

А) создания ядерного оружия
Б) загрязнения воздуха
В) нехватки сырья, разрушения экосистем, парниковых газов, загрязнения океанов

6. Жителям Земли нужно отказаться от...

А) использования автомашин, самолетов
Б) использования интернета
В) применения газа

Вопросы к тексту

А. Ответьте на вопросы.

1. Как называется статья?
2. В каком журнале она вышла?
3. Когда была издана эта статья?
4. Как зовут автора статьи?
5. О чем говорится в статье?
6. Что представляет собой "Римский клуб"?
7. О чем говорится в докладе "Выпотрошенная планета"?
8. К каким последствиям может привести нехватка энергетического сырья?
9. Как может измениться наша планета?
10. Как можно преодолеть экологический кризис? Предложите вашу программу.

Б. Составьте письменный пересказ статьи. Выразите ваше отношение к проблеме.

В. Выполните перевод содержания статьи на корейский язык.

ПРАКТИКА

☆ 단문에서 '목적'을 나타내는 표현들(2)

в интересах + *чего* (생격)	
в интересах	страны партии сторон

❏ Стороны подтвердили своё намерение проводить регулярный обмен мнениями **в интересах углубления** сотрудничества.

❏ **В интересах сторон** страны подписали соглашение о продолжении совместной работы.

ради + *чего* (생격)	
ради	мира благополучия снижения

❏ Все миролюбивые силы должны объединиться **ради мира** и **прогресса** на земле.

❏ **Ради снижения** курса доллара были предприняты все меры.

в честь + *кого-чего* (생격)	
в честь	празднования королевы приезда

❏ **В честь** высокого **гостя** в Кремле был дан обед.

❏ **В честь празднования** 750-летия Москвы на открытие были приглашены высокие гости.

во имя + *чего* (생격)	
во имя	свободы людей детей

❑ Тысячи простых людей отдали свои жизни **во имя свободы страны**.

❑ **Во имя детей** были открыты многие программы.

во избежание + *чего* (생격)	
во избежание	смерти удара потерь

❑ Генерал приказал своим войсками перейти на сторону законных властей **во избежание кровопролития**.

❑ **Во избежание удара** водитель свернул влево.

на + *что* (대격)	
на	нужды пенсию расходы

❑ Правительство планирует увеличить ассигнования **на** социальные **нужды**.

❑ Государство сократило затраты **на** оборонные **расходы**.

Упражнения

А. Переведите фразы на русский язык, используя следующие выражения.

в интересах	ради	в честь	во имя	во избежание	на

1. 우리는 미래를 위해 많은 것을 생각해야 한다.

2. 양측의 이익을 위해 이 조약은 체결되었다.

3. 외국 방문자들을 고려하여 공식적인 저녁 만찬이 열렸다.

4. 우리는 우리 대학을 위하여 방침들에 참여하기로 결정했다.

5. 지구에서 평화를 위해 상호관계를 구축 할 필요가 있다.

Б. Переведите следующие фразы на русский язык.

1. 환경 문제는 현대 사회의 심각한 문제이다.

2. 무더위와 잦은 강우는 환경 문제의 징후들이다.

3. 무더위로 인해 남극의 얼음들이 녹고 있다.

4. 지구의 주민들은 연료의 부족을 느끼고 있다.

5. 지구인은 태양 에너지를 사용하는 방법을 배워야 한다.

9 Урок

Общество

ПОЧИТАЕМ

СТАТЬЯ 1

Демографический кризис 1990-х даст о себе знать

В субботу Владимир Путин возложил венок к могиле Неизвестного солдата и выступил на XI Всемирном конгрессе по перинатальной медицине. Президент заявил, что Россия продолжит вкладывать средства в строительство перинатальных центров и поддерживать многодетные семьи. При этом он предупредил о негативных последствиях демографического кризиса, который был в России в начале 1990-х годов прошлого века.

- В 1990-х годах наша страна столкнулась с глубочайшим демографическим кризисом. Последствия этого кризиса мы еще не ощутили на себе, но они дадут о себе знать и в экономике, и в социальной сфере, и в промышленном развитии, - заявил президент. - Мы, к сожалению, столкнемся с этим в ближайшие годы, - отметил Владимир Путин.

Впрочем, сейчас демографическая ситуация в России улучшается. Показатели рождаемости — лучшие за последние 20 лет.

Сейчас в России ежегодно рождается почти 2 млн детей. В прошлом году уровень рождаемости достиг среднеевропейского, - констатировал президент, добавив, что за последние 10 лет младенческая смертность сократилась вдвое.

Владимир Путин напомнил, что Россия присоединилась к принятым в 2000 году ООН "Целям развития тысячелетия". Двумя из восьми приоритетов этой инициативы стали улучшение охраны здоровья матери и ребенка, сокращение материнской и детской смертности.

Еще недавно недоношенных детей спасти было очень сложно. Но благодаря строительству в России перинатальных центров младенческая смертность снижается рекордными темпами. Новые роддома оснащены самым необходимым оборудованием.

Выступая перед врачами, президент вспомнил, как впервые посетил новый перинатальный центр.

- Я широко раскрыл глаза - ничего подобного не видел. Это впечатляет, очень похоже на космические системы, - вспомнил он.

Сейчас в России работают 58 подобных центров. Владимир Путин заявил, что в следующем году в Москве откроется еще один крупный федеральный перинатальный центр.

Александр Юнашев
Известия, 22 июня 2013 года

СЛОВА И ВЫРАЖЕНИЯ

возложи́ть	두다, 놓다	косми́ческий	우주의, 천지의
вено́к	화환, 꽃다발	социа́льный	사회적
моги́ла	묘, 분묘	сфе́ра	구체, 구면, 범위
вы́ступить	앞으로 나오다, 나가다, 진출하다	ощути́ть	(육체적 또는 정신적으로) 느끼다
конгре́сс	회의, 회합, 의회	показа́тель	색인, 지표, 지수
перината́льный	주산기의	рожда́емость	출생률, 출산율
медици́на	의학, 의술	ежего́дно	매년, 해마다
вкла́дывать	끼워 넣다, 투자하다	у́ровень	수준, 레벨
сре́дства	자금, 자산	младе́нческий	어린, 미숙한
строи́тельство	건축, 건설, 제작	сме́ртность	사망, 죽음, 사망률
подде́рживать	지탱·지속·지지하다	сократи́ться	줄어들다, 감소하다
многоде́тный	아이가 많은	вдво́е	2배로, 2배나, 반
предупреди́ть	예방, 예고하다 미리 경고·대비하다	впечатля́ть	강한 인상(감명)을 주다
негати́вный	부정의, 부인의	улучша́ться	좋아지다, 개선되다
после́дствие	결과, 결말	темп	속도, 템프
демографи́ческий	인구 통계학의	снижа́ться	낮아지다, 내려가다
кри́зис	위기. 공황, 고비	подо́бный	비슷한, 유사한

дать о себе́ знать	자신에 대해 알도록 하다
столкну́ться с чем?	~에 부딪치다 (마주치다)
похо́ж на кого?	~와 닮다
моги́ла Неизве́стного солда́та	무명병사의 묘
Президе́нт заяви́л, что...	대통령은 ~라고 선언했다
к сожале́нию	유감스럽게도
в ближа́йшие го́ды	가까운 해에
Президе́нт констати́ровал, что...	대통령은 ~을 주장했다
недоношённые дети	조산한 아이들
Влади́мир Пу́тин отме́тил, что...	블라디미르 푸틴은 ~라고 언급했다
Влади́мир Пу́тин напомнил, что	블라디미르 푸틴은 ~라고 상기시켰다

ЗАДАНИЯ

Выполните тест

1. В субботу Владимир Путин участвовал...

А) в конгрессе по перинатальной медицине
Б) в форуме по вопросам рождаемости
В) в конгрессе по вопросам материнства

2. Президент предупредил о...

А) сложной экономической ситуации
Б) высокой смертности в России
В) негативных последствиях демографического кризиса 90-х

3. Демографический кризис отражается особенно сильно...

А) в политике
Б) в экономике и в соцсфере
В) в международной экономике

4. Основные "Цели развития тысячелетия" -...

А) внимание к детям
Б) забота о родителях
В) охрана здоровья матери и ребенка, сокращение смертности

5. Младенческая смертность снижается благодаря...

А) улучшению социальной сферы
Б) открытию новых перинатальных центров в России
В) заботе врачей

6. Демографическая ситуация в России за последнее время...

А) улучшается
Б) ухудшается
В) находится без изменений

Вопросы к тексту

А. Ответьте на вопросы.

1. Как называется статья?
2. В какой газете она вышла?
3. Когда была издана эта статья?
4. Как зовут автора статьи?
5. О чем говорится в статье?
6. О каком событии рассказывается в статье?
7. Что заявил президент на конгрессе?
8. Какова демографическая ситуация в России в настоящее время?
9. Каким образом власти планируют улучшить демографическую ситуацию в России? Что думаете об этом?
10. Назовите другие демографические проблемы. Как их можно решить?

Б. Составьте письменный пересказ статьи. Выразите ваше отношение к проблеме.

В. Выполните перевод содержания статьи на корейский язык.

СТАТЬЯ 2

Уверенность в будущем свойственна молодым москвичам

Что такое уверенность в завтрашнем дне? Из чего она складывается? Вы уверены в том, что завтра все будет хорошо с вами и вашей семьей? Социологи утверждают, что хоть и медленно, но все же у россиян растет уверенность в будущем.

Так что же дает нам уверенность в будущем? Социально-политическая стабильность, экономическое благополучие, уверенность в том, что тебя завтра не уволят с работы, а если и уволят, то с хорошими отступными или психологический комфорт, возникающий от ощущения рядом родственников и друзей? Уверенность в будущем связана с количеством социальных связей: чем их больше, тем больше уверенность, считает директор Центра политических технологий Игорь Бунин. "Наше общество неформальное, и движение личности строится прежде всего на неформальных связях. Многие люди приобрели эту неформальную сетку защиты. Россия всегда была сильна неформальными связями", - уверен Бунин. Он поясняет, что имеет в виду семью, друзей, сослуживцев.

Русские всегда полагались на семью и соседей - кто как ни они придут и помогут, когда у тебя горе. На государство и раньше и сейчас не особо рассчитывают. Именно поэтому для нас остается важным, "что скажут о тебе люди". Пренебрегая общественным мнением, ты оказываешься один на один со своей судьбой. Это, конечно, более характерно для русской деревни. Русские не привыкли справляться с бедой самостоятельно: в моменты личных и общественных трагедий, наверное, как нигде в мире, у нас включатся механизмы коллективизма. Это помогло нам выиграть не одну войну, но это же и тормозит частную инициативу, развитие индивидуализма.

Например, американцы известны в мире своей мобильностью: они с удовольствием переезжают из одного штата в другой, меняя вуз, работу, сферу деятельности. Большинство из них привыкло опираться только на свои собственные силы. Благодаря этому они с легкостью находят общий язык с новыми людьми в чужой среде. Для русского переезд - целое событие. Мы - оседлый народ и придаем большое значение месту, где живем, "прорастаем корнями". Мой приятель год назад начал кругосветное путешествие, имея в кармане тысячу долларов. Залетев ненадолго в Москву, он делился впечатлениями: толпы бэкпэкеров путешествуют так же, как он. В основном американцы, австралийцы и европейцы. За полгода вояжа ему встретились всего две пары из России.

Молодые ребята - максималисты и оптимисты, а вот их "обжегшиеся" родители знают цену стабильности. "Если нет планов в 18 лет, то это катастрофа, если есть планы в 70 лет, то ты - счастливое исключение из правил", - говорит гендиректор ВЦИОМа Валерий Федоров. По его мнению, в мире сейчас все меньше людей планируют свое будущее, так как обстановка становится все более непредсказуемой. "Усиливается оборот идей, трендов. Это касается и США и Японии, где теперь одного образования не хватает. Социальные государства всеобщего благосостояния подвергаются эрозии, вечные ценные перестают быть вечными", - фиксирует тектонические сдвиги Федоров.

В период экономического кризиса падает горизонт планирования, так происходит во всем мире, не только в России, утверждает Игорь

Бунин. "А в России с 1991 года мы живем фактически на вулкане, который то даст выброс, то не даст выброс", - говорит эксперт.

Помню, как на меня произвело впечатление, когда одни мои английские приятели в 2009 году запланировали на 2012 год путешествие через Россию. Причем в маршруте были не только города, но и предполагаемые отели.

Возможно ли, что в России появится поколение, людей, полностью уверенных в завтрашнем дне? Или же мы прозевали те счастливые послевоенные десятилетия, когда на Западе сформировались общества всеобщего благоденствия и теперь нам надо учиться жить в неспокойном турбулентном мире? Впрочем, нам не привыкать. Так, может, это и есть наше конкурентное преимущество?

Российская газета, 10 июля 2013 года

СЛОВА И ВЫРАЖЕНИЯ

уве́ренность	확신, 자신(성)	траге́дия	비극
скла́дываться	이루어지다	механи́зм	기관, 기구, 조직
благополу́чие	번영, 번창, 융성, 성공	включа́ться	~에 참여·가담하다, 연결되다
психологи́ческий	심리적인, 심리학의	коллективи́зм	공동, 협동, 공유
комфо́рт	안락, 편안함	тормози́ть	제동하다, 멈추다
ощуще́ние	느낌, 감각, 감촉	инициати́ва	발의, 창의
связь	관계, 친교, 연결	индивидуали́зм	개인주의
техноло́гия	기술, 공학	моби́льность	가동성
неформа́льный	비공식의	переезжа́ть	움직이다, 이동시키다
пренебрега́ть	무시하다, 개의치 않다	опира́ться	의지하다, ~에 근거하다
приобрести́	얻다, 획득하다	осёдлый	안정된
се́тка	그물, 구럭	бэкпэ́кер	배낭
защи́та	방어, 보호, 변호측	воя́ж	여행, 여정, 출장여행
сослужи́вец	동료	максимали́ст	극단주의자
ли́чность	개성, 인격, 인물	оптими́ст	낙천주의자
справля́ться с чем	처리하다, 감당해내다	непредсказу́емый	예측할 수없는
судьба́	운명, 운수, 장래	вулка́н	화산
катастро́фа	이변, 변동, 참사	горизо́нт	지평선, 수평, 시야 활동분야
полага́ться на кого	의지하다, 신뢰하다, 기대하다	прозева́ть что	놓치다, 알아차리지 못하고 있다
благоде́нствие	평안, 안녕, 번영	турбуле́нтный	휘몰아치는

знать це́ну кому, чему	어떤 사람(물건)의 가치·값을 알다
Социо́логи утвержда́ют, что...	사회학자들은 ~라고 주장한다
уво́лить с рабо́ты	직장에서 해고되다
отступно́е(=отступны́е деньги)	권리양도·요구 포기의 보상금, 해약금
Он поясня́ет, что...	그는 ~라고 설명한다
счастли́вое исключе́ние из пра́вил	규칙에서 행복한 예외
На госуда́рство не рассчи́тывают.	국가를 기대(신뢰)할 수 없다.
оди́н на оди́н с кем, чем	~와 일대일로
кругосве́тное путеше́ствие	세계일주 여행
находи́ть о́бщий язык с кем,чем	타협점을 찾아내다

ЗАДАНИЯ

Выполните тест

1. Социологи говорят, что россияне...

А) чувствуют уверенность
Б) чувствуют уважение к другому
В) чувствуют кризис

2. По мнению И. Бунина, уверенность связана с...

А) с большими планами
Б) с большими деньгами
В) с количеством друзей, коллег, с семьей

3. Русские надеялись всегда на

А) себя
Б) соседей и друзей
В) на государство

4. Русские люди -...

А) осёдлый народ
Б) подвижный народ
В) активный народ

5. Американцы известны в мире

А) своей коммуникабельностью
Б) своей улыбкой
В) своей мобильностью

6. Молодые россияне -...

А) пессимисты и максималисты
Б) максималисты и оптимисты
В) индивидуалисты и оптимисты

Вопросы к тексту

А. Ответьте на вопросы.

1. Как называется статья?
2. В какой газете она вышла?
3. Когда была издана эта статья?
4. О чем говорится в статье?
5. Что такое чувство уверенности?
6. Что автор статьи говорит о русском характере?
7. Почему русским важно, что скажут о них другие люди?
8. Что характеризует американцев?
9. Что отличает американцев от русских?
10. Почему у молодых россиян появилась уверенность?

Б. Составьте письменный пересказ статьи. Выразите ваше отношение к проблеме.

В. Выполните перевод содержания статьи на корейский язык.

ПРАКТИКА

☆ 복문에서 '목적'을 나타내는 표현들

чтобы

- ❑ Правительство предпринимает усилия, **чтобы** восстановить социальную справедливость.
- ❑ **Чтобы** повысить эффективность программы, были предложены новые методы работы.

для того, чтобы

- ❑ В ООН создана комиссия **для того, чтобы** она подготовила международный договор о запрещении ядерных испытаний.
- ❑ **Для того, чтобы** построить здесь здание, необходимо получить разрешение местных властей.

с тем, чтобы

- ❑ Жители деревень, на месте которых хотят разбить парк, создали организацию **с тем, чтобы** защитить свои интересы.
- ❑ **С тем, чтобы** выступить на конкурсе, приехали все участники программы.

ради того, чтобы

- ❑ **Ради того, чтобы** найти выход из кризисной ситуации, состоялись встречи президента с лидерами крупнейших партий.
- ❑ Было предпринято всё возможное **ради того, чтобы** повысить производительность труда.

Упражнения

A. Переведите фразы на русский язык, используя следующие выражения.

чтобы	для того, чтобы	с тем, чтобы	ради того, чтобы

1. 정부는 연금수령자들의 생활을 개선하기 위해 법에 서명했다.
2. 은행 계좌를 개설하기 위해서는 당신은 여권을 제시해야만 합니다.
3. 일자리를 찾기 위해 그는 해외로 갔다.
4. 대통령은 실업 문제를 해결하기 위해 전문 그룹을 만들었다.
5. 유학을 가기 위하여 그는 2 년 동안 일했다.

Б. Переведите следующие фразы на русский язык.

1. 젊은 사람들은 적극적으로 미래에 대한 계획을 세우고 있다.
2. 정부는 인구통계학적인 문제들을 해결해야만 한다.
3. 대통령은 1990년 인구통계학적 위기에 대해 말했다.
4. 현재 러시아에서 인구통계학적 상황이 개선되고 있다.
5. 그들은 서로 타협점을 찾을 수 있습니다.

10 Урок

Происшествия

ПОЧИТАЕМ

СТАТЬЯ 1

Битва бритых голов

Первые скинхеды(от английского skinhead - "бритая голова") появились еще лет сорок назад в Британии. Простые парни из рабочих районов любили выпить пиво и потанцевать с девчонками, а потом подраться. Именно из-за этих постоянных драк и появилась фирменная ультра-короткая прическа скинов: лысого за волосы не схватишь! Одевались они дешево и сердито: грубые ботинки, дешевые армейские куртки и клетчатые рубахи. О политике никто не вспоминал. Драки были с рокерами и байкерами. Кстати, среди бритоголовых "первой волны" было немало негров-выходцев с Ямайки: они лучше всех играли ска, любимую музыку каждого настоящего скина.

Но как только скинхед-движение стало массовым, за него сразу же взялись политики. И единой группы бритоголовых не стало. Самая большая и сильная - скинхеды-нацисты(белые скинхеды). Идеал для них - Адольф Гитлер. Главная идея - "Мы должны сберечь нашу белую расу, сохранить наше будущее для всех наших детей". Именно поэтому скины не любят геев, наркоманов и азиатов и африканцев.

Лет семь назад мода на наци-скинз дошла до России. Никакого "ска" они не слушают, предпочитают агрессивную музыку в стиле Oi! и массовые драки на стадионах. Появились и красные скинхеды. Их основная цель – борьба с белыми скинами. Среди ред-скинов могут быть геи, негры, китайцы и даже любители наркотиков, которые в группировках WP(White Power) не найдешь.

Несмотря на такую вражду, отличить "красного" скина от "белого" по одежке очень трудно: одеваются они одинаково. Узнать их по внешнему виду просто: у любого скина, будь он "красным" или "белым", всегда закатаны штанины джинсов, а на ногах - высокие шнурованные ботинки. Только у наци шнурки белые а у "шарпов" и "рашей" - красные. У московского филиала "Крови и Чести" даже был официальный сайт. Главный лозунг наци - White Power ("Власть - белым"), а главные враги - наркоманы, гомосексуалисты и "неправильные" скины. Символ - черная свастика из трех лучей на красном фоне.

Самое подходящее место для настоящего скина-хулигана футбольный стадион. После окончания матча скинхеды устраивают настоящий «третий тайм». Довольно часто дело доходит до того, что в драках участвуют сотни бритоголовых и полицейских.

Скинхед-движение с каждым днем становится все популярнее.

Шепитько Маша, Рылина Света
www.junior.ru
июнь 2003 года

СЛОВА И ВЫРАЖЕНИЯ

скинхе́д	스킨헤드	ма́ссовый	다수의, 무리를 이루는
бри́тый	면도의	наци́ст	나찌주의자
па́рень	젊은 남자	идеа́л	이상, 이데아
подра́ться с кем	~와 싸우다, 때리다	гей	게이
постоя́нный	항시적인, 불변의	наркома́н	중독자
дра́ка	싸움, 격투	предпочита́ть что	~쪽을 더 좋아하다
фи́рменный	회사의, 상사의	агресси́вный	침략적·도전적인
у́льтра-коро́ткий	매우 짧은	вражда́	적대, 적개심
причёска	머리 스타일	шнуро́ванный	구두끈으로 묶은
скин	피부	шнурки́	구두끈
лы́сый	대머리의	сайт	사이트
схвати́ть за что	잡다, 붙잡다	ло́зунг	구호, 표어, 암호
гру́бый	거친, 서투른	гомосексуали́ст	동성애자
боти́нки	장화, 부츠	сва́стика	하켄크로이츠
кле́тчатый	격자무늬의, 세포의	луч	빛, 광명
ро́кер	로커	полице́йский	경찰의, 경찰관
ба́йкер	바이커	скинхе́д-движе́ние	스킨헤드 운동
британоло́вый	대머리의	хулига́н	비난, 비망, 욕설

дёшево и серди́то	싸고도 쓸모가 있다, 쉽고도 효과가 있다
кстати,...	때마침, 그래서
скинхе́ды "пе́рвой волны́"	"첫번째 물결(파동)"의 스킨헤드들
не́гры-вы́ходцы с Яма́йки	자마이카에서 망명온 이주자-흑인들
мо́да на наци-скинз	나치 스킨헤드에 대한 유행
отличи́ть кого от кого по одёжке	옷으로 다른 사람과 구별하다
вне́шний вид	외모, 외관
де́ло дохо́дит до чего	일은 (어떤 상태에) 이르다, 도달하다
с ка́ждым днём	날마다, 날이 갈에 따라
настоя́щий "тре́тий тайм"	진짜 "세 번째 타임"

ЗАДАНИЯ

Выполните тест

1. Короткие стрижки скинхедов появились из-за того, что...

А) это было красиво
Б) это было удобно в драке
В) это было модно

2. Группировки скинхедов - это...

А) красные и белые
Б) красные, левые и белые
В) белые скины и "наци"

3. Идеал "наци" - это...

А) фашисты
Б) красные скины
В) Адольф Гитлер

4. Русские скинхеды любят...

А) драться на стадионах
Б) смотреть футбол
В) слушать "ска"

5. Красных и белых скинов можно отличить...

А) по прическе
Б) по стилю одежды
В) по цвету шнурков

6. Главные враги белых скинхедов...

А) полиция
Б) наркоманы, гомосексуалисты, "неправильные" скины
В) государство

Вопросы к тексту

А. Ответьте на вопросы.

1. Как называется статья?
2. Где она вышла?
3. Когда была издана эта статья?
4. Как зовут авторов статьи?
5. О чем говорится в статье?
6. Какие группы скинхедов существуют?
7. Как появились первые скинхеды?
8. Каковы их идеалы и взгляды?
9. С кем борются скинхеды?
10. Какова отличительная черта русских скинхедов?

Б. Составьте письменный пересказ статьи. Выразите ваше отношение к проблеме.

В. Выполните перевод содержания статьи на корейский язык.

СТАТЬЯ 2

Не дошли до Москвы

Во вторник следователи начали допрашивать жителя Башкирии Роберта Амирханова, задержанного накануне во время спецоперации ФСБ в Орехово-Зуево.

Вечером Лефортовский суд столицы арестовал его на два месяца. 53-летнего Амирханова обвиняют в совершении тяжких преступлений: подготовке теракта, бандитизме, незаконном изготовлении и обороте оружия.

Операция проходила на улице Барышникова рядом с домом N2. Возле одного из подъездов появилась группа вооруженных людей в черной форме, которые эвакуировали жителей, а затем начали методично "выкуривать" трех мужчин кавказской внешности, снимавших квартиру на втором этаже.

По рассказам местных жителей, за две недели до этого в квартире произошел небольшой взрыв, в результате которого даже вылетело стекло.

Как выяснилось, двое из группы длительное время находились в поле зрения башкирского УФСБ. "Установлено, что двое задержанных были жителями Башкирии, проходили с 2010 по 2013 год диверсионно-террористическую подготовку в афгано-пакистанской зоне в лагерях международных террористических организаций. Они также причастны к международной террористической организации "Исламская партия Туркестана", - сообщили в региональном УФСБ.

В ходе спецоперации подозреваемые были блокированы, но на

предложение сдаться открыли огонь. В результате скоротечного боестолкновения двое из них были уничтожены, один задержан. На месте происшествия был обнаружен автомат Калашникова и 25 патронов к нему. Пострадавших среди гражданского населения нет. Легкое ранение в ногу получил сотрудник спецназа, который позже был госпитализирован. В НАК подчеркнули, что решительными действиями сил правопорядка была пресечена попытка осуществить в столице теракт.

Хроника терактов в Москве

Необъявленная террористическая война фактически началась в Москве с 1996 года и до сих пор не прекратилась.

11 июня 1996 года в поезде между станциями метро "Тульская" и "Нагатинская" произошел взрыв: четыре человека погибли, четырнадцать ранены.

8 сентября 1999 года взрыв в доме 19 по улице Гурьянова. Погибли 100 человек, 690 человек получили ранения различной степени тяжести.

13 сентября 1999 года взрывом уничтожен 8-этажный кирпичный дом на Каширском шоссе. Погибло - 124 человека.

8 августа 2000 года в подземном переходе на Пушкинской площади в Москве сработало взрывное устройство. Погибли 13 человек, 61 получил ранения.

23 октября 2002 года захват заложников во время мюзикла Норд-Ост. В результате операции по освобождению заложников были ликвидированы все террористы и освобождены большинство заложников. Погибли 130 человек.

6 февраля 2004 года на перегоне между станциями "Автозаводская" и "Павелецкая" террорист-смертник привел в действие взрывное устройство мощностью 4 килограмма в тротиловом эквиваленте. В результате взрыва погиб 41 человек и свыше 250 получили ранения.

31 августа 2004 года в 20.50 смертница совершила теракт у вестибюля станции метро "Рижская". Погибло 8 человек, около 50 человек ранены. Дела о взрывах на "Рижской", на перегоне "Автозаводская" - "Павелецкая" и в Воронеже позже были объединены в одно, трое сообщников террористов были осуждены.

29 марта 2010 года взрывы смертниц на станциях "Лубянка" и "Парк культуры". В результате терактов погиб 41 человек, 88 было ранено.

24 января 2011 года в результате подрыва смертника в аэропорту Домодедово погибли 37 и пострадали 172 человека.

18 июля 2011 года глава ФСБ Александр Бортников доложил о предотвращении крупного теракта на транспорте в Столичном регионе и задержании четырех подозреваемых, которые собирались подорвать пассажирский "Сапсан".

Иван Егоров

Российская газета, 23 мая 2013 года

СЛОВА И ВЫРАЖЕНИЯ

сле́дователь	예심원	блоки́рован	봉쇄한, 차단한
хро́ника	연대기, 뉴스, 기록영화	скороте́чный	빨리지나가는, 잠시 동안의
заде́ржанный	지연된	боестолкнове́ние	충돌
мо́щность	강함, 강력, 용적	обнару́жен	드러낸, 폭로된
обвиня́ть кого,что	비난하다, 기소하다	автома́т	자동소총, 자동기계
соверше́ние	완성, 완수, 마무리	патро́н	총탄, 탄환, 고용주
тера́кт	테러 행위	пострада́вший	희생자, 피해자
бандити́зм	강도행위	ране́ние	부상, 고통
изготовле́ние	제조, 생산	спецна́з	특수부대
опера́ция	작전, 업무, 수술	госпитализи́рован	병원에 입원시킨
подъе́зд	입구, 접근수단	правопоря́док	안녕질서
вооружённый	무장한	реши́тельный	단호한, 굳은
эвакуи́ровать	철수·대피시키다	пресечён	차단, 제지, 근절된
методи́чно	조직적·체계적으로	попы́тка	시도, 노력, 실험
арестова́ть кого, что	감금하다, 체포하다	допра́шивать	수사관, 조사관
диверсио́нный	주의를 돌리기 위한	необъя́вленный	신고되지 않은
террористи́ческий	테러의	прекрати́ться	그치다, 끝나다
прича́стен к чему	관여하는, 참여한	уничто́жен	박멸된, 소멸된

ФСБ (федера́льная слу́жба безопа́сности)	연방보안국
тя́жкое преступле́ние	중죄
оборо́т ору́жия=прода́жа-поку́пка	무기 밀매
выку́ривать=выгоня́ть	증류해서 만들다, 쫓아내다, 추방·박멸하다
мужчи́на кавка́зской вне́шности	카프카스인 외모의 남자
по расска́зам ме́стных жи́телей,...	지역 주민들의 말에 따르면
находи́лись в по́ле зре́ния кого	시야에 있었다
на предложе́ние сда́ться	제안을 받아들이다
откры́ли ого́нь	사격을 개시하다, 발포하다
ме́сто происше́ствия	사건 장소
взрывно́е устро́йство	폭발 장치

ЗАДАНИЯ

Выполните тест

1. Амирханова обвиняют в...

А) подготовке теракта, бандитизме, в продаже оружия
Б) нарушении правил ДТП
В) бандитизме

2. Подозреваемые причастны к...

А) международной организации
Б) террористической организации "Исламская партия Туркестана"
В) афгано-пакистанской зоне

3. В результате скоротечной перестрелки...

А) двое убиты, один задержан
Б) один убит, двое свободны
В) двое задержаны, один уничтожен

4. Террористическая война началась в Москве...

А) с 1999 года
Б) с 2006 года
В) с 1996 года

5. Теракт в аэропорту Домодедово произошел...

А) по вине полиции
Б) из-за проблемы с самолетом
В) по вине смертника

6. Во время взрыва в доме №19 по улице Гурьянова...

А) погибло 124 человека
Б) умерло 100 человек, было ранено 690 человек
В) погибли 100 человек

Вопросы к тексту

А. Ответьте на вопросы.

1. Как называется статья?
2. В какой газете она вышла?
3. Когда была издана эта статья?
4. Как зовут автора статьи?
5. О чем говорится в статье?
6. О каких событиях рассказывается в статье?
7. Что такое терроризм?
8. Когда в России началась террористическая война?
9. О каких терактах вы знали ранее?
10. Как можно сделать мир спокойнее? Как можно уничтожить терроризм?

Б. Составьте письменный пересказ статьи. Выразите ваше отношение к проблеме.

В. Выполните перевод содержания статьи на корейский язык.

ПРАКТИКА

☆ 단문에서 '조건'을 나타내는 표현들

в случае + *чего* (생격)	
в случае	перехода замены возврата

❑ Срок пребывания войск в стране **в случае надобности** может быть продлён по решению ООН.

❑ **В случае возврата** товара необходимо предоставить товарный чек.

при + *чём* (전치격)	
при	условии рассмотрении прочтении

❑ Сроки сдачи объектов могут быть выдержаны только **при условии** своевременного финансирования работ.

❑ **При чтении** данного доклада участвовали все представители партий.

☆ 복문에서 '조건'을 나타내는 표현들(1)

если ~ , (то) ~

❑ **Если** компромисс не будет достигнут, **(то)** рассмотрением этого вопроса в очередной раз займётся парламент.

❑ **Если** экономические показатели в этом году будут выше, можно будет говорить о выходе страны из кризиса.

Упражнения

А. Переведите фразы на русский язык, используя следующие выражения.

в случае	при	если ~ , (то) ~

1. 물건을 분실한 경우 경찰에 신고하십시요.

2. 의사록을 들을 때 모두 참석했다.

3. 만일 판사가 그렇게 결정한다면, 그는 감옥에 갈 것이다.

4. 여권을 분실한 경우 즉시 경찰에 연락하십시오.

5. 독서할 때 눈이 아프다.

Б. Переведите следующие фразы на русский язык.

1. 스킨헤드 운동은 7년 전에 러시아에서 유행하기 시작했다.

2. 스킨헤드는 아시아, 아프리카인들 및 게이들을 좋아하지 않는다.

3. 경찰은 범인들을 체포했다.

4. 러시아에서 테러 전쟁은 1996년에 시작되었다.

5. 수사관들은 용의자를 심문했다.

11 Урок

Культура

ПОЧИТАЕМ

СТАТЬЯ 1

"Маска" удивления

Церемония вручения главной театральной премии проходила не без приличествующей случаю торжественности, но в деловом режиме. За

годы существования "Золотой маски" количество номинаций так разрослось, что сегодня единственный способ не затянуть церемонию за полночь — просто вручать их одну за другой. Порядок движения по жанрам за многие годы устоялся — от мюзикла к опере, потом — к балету и современному танцу, и уже затем — к театру кукол и драматическому театру.

В разделе музыкальных театров многие номинанты поднимались на сцену дважды. Дмитрий Черняков получил приз за лучшую режиссуру в опере ("Руслан и Людмила" в Большом театре) и как лучший художник — за этот же спектакль. Дважды благодарил жюри и Теодор Курентзис: он оказался лучшим дирижером и в опере, и в балете ("Так поступают все женщины" и "Шут" Пермского театра оперы и балета). Диана Вишнева получала приз не только как лучшая балерина, но и как автор лучшего балетного спектакля — "Диана Вишнева: Диалоги".

Лучшим оперным спектаклем стал "Сон в летнюю ночь" Театра имени Станиславского и Немировича-Данченко. Лучшим мюзиклом признали "Бал вампиров" петербургского Театра музыкальной комедии.

А лучшим спектаклем современного танца — "Едоки" Театра-студии современного танца, не входившие в число фаворитов.

Еще больше неожиданностей оказалось в конкурсе драматического театра. Жюри, видимо, решило избежать выбора между столичными театрами-тяжеловесами и благородно поддержало провинцию — сразу две награды (за лучший спектакль и за лучшую мужскую роль Виталию Кищенко) ушли чеховской пьесе "Без названия" в постановке Ярославского Театра имени Волкова, а лучшей режиссерской работой признана постановка Марата Гацалова в новосибирском театре "Глобус" ("Август: графство Осейдж" по пьесе Трейси Леттса). Фаворит конкурса, "Пристань" Театра имени Вахтангова, довольствовалась утешительным спецпризом жюри.

Лучшим зарубежным спектаклем, показанным в России, стала приезжавшая на фестиваль NET "Кристина" берлинского театра "Шаубюне" в постановке англичанки Кэти Митчелл.

В конце вечера были вручены почетные премии за вклад в театральное искусство. Лауреатов в этом году было целых шесть — Татьяна Доронина, Зинаида Шарко, Александр Белинский, Леонид Броневой, Роберт Стуруа и Иван Бобылев.

Коммерсантъ, 17 апреля 2013 года

СЛОВА И ВЫРАЖЕНИЯ

церемо́ния	의식, 예식	два́жды	2번, 2회, 2배
вруче́ние	전달, 수교	дирижёр	지휘자, 악장
пре́мия	상, 상여금	шут	광대, 익살꾼
прили́чествующий	~에 적합한, ~에 상응하는	призна́ть	알아보다, 인지하다, 인정하다, 간주하다.
слу́чай	경우, 사건, 기회	приз	상, 상품, 상금
торже́ственность	엄숙성, 신중성	спекта́кль	공연, 구경거리
режи́м	제도 정책	балери́на	발레리나
номина́ция	임명, 지명	неожи́данность	의외, 불의
разрасти́сь	번성하다	конкурс	콩쿨, 경쟁, 경기
спо́соб	방식, 방법	тяжелове́с	역도 선수
вруча́ть	전하다, 수여하다	благоро́дно	품위있게
жанр	유형, 양식	поддержа́ть	지속하다, 버티다
устоя́ться	안정되다	прови́нция	지방, 지역, 주
мю́зикл	뮤지컬	постано́вка	연극연기, 훈련
о́пера	오페라	награ́да	포상, 표창, 상(상금)
бале́т	발레	дово́льствоваться	만족하다
теа́тр ку́кол	인형극장	утеши́тельный	위로가 되는, 반가운
номина́нт	지명된 사람	лауреа́т	최고수상자
драмати́ческий	연극의, 드라마같은	спецпри́з	특별상

за го́ды существова́ния	(행사, 공연 등이) 진행되는 동안
затяну́ть за́ полночь	밤까지 오랫동안 끌다, 진행되다
поднима́ться на сце́ну	무대위로 올라가다
приз за лу́чшую режиссу́ру	최고 감독상
входи́ть в число́ фавори́тов	수상 후보자에 들어가다
пре́мия за вклад в иску́сство	예술에 공헌한 상
приз как лу́чшая балери́на	최고 발레리나 상
в постано́вке Кэ́ти Ми́тчелл	케이티 미첼의 공연에서
вручи́ть пре́мию	상을 수여하다

ЗАДАНИЯ

Выполните тест

1. "Золотая маска" - это...

А) кинофестиваль в России
Б) молодежный карнавал масок
В) престижная театральная премия

2. На конкурсе представлены следующие жанры: ...

А) мюзикл, опера, балет, драматический театр
Б) мюзикл, телешоу, кукольный театр
В) балет, драматический театр

3. Приз за лучшую режиссуру в опере получил...

А) театр Немировича-Данченко
Б) Дмитрий Чистяков
В) Марат Гацалов

4. Приз как лучшая балерина получила...

А) Диана Вишнева
Б) англичанка Кэти Митчелл
В) Татьяна Доронина

5. Лучшим оперным спектаклем назван...

А) "Август: графство Осейдж"
Б) "Так поступают все женщины"
В) "Сон в летнюю ночь"

6. Лучшим иностранным спектаклем жюри выбрало...

А) "Бал вампиров"
Б) "Кристина"
В) "Шут"

Вопросы к тексту

А. Ответьте на вопросы.

1. Как называется статья?
2. В какой газете она вышла?
3. Когда была издана эта статья?
4. О чем говорится в статье?
5. Что представляет собой "Золотая маска"?
6. Как проходит этот конкурс?
7. Какие номинации представлены в этом престижном конкурсе?
8. Какие призы были вручены?
9. Кто получил премию за вклад в искусство?
10. Расскажите об одном известном деятеле культуры России или Кореи.

Б. Составьте письменный пересказ статьи. Выразите ваше отношение к проблеме.

В. Выполните перевод содержания статьи на корейский язык.

СТАТЬЯ 2

10 фактов о Московском международном кинофестивале

20~29 июня в Москве проходит юбилейный 35-й Московский международный кинофестиваль. "АиФ" собрала десятку самых интересных фактов об ММКФ.

1. Московский международный кинофестиваль является одним из старейших киносмотров мира. Впервые он состоялся в 1935 году, а председателем жюри на нём был классик мирового кинематографа – режиссёр Сергей Эйзенштейн.
2. Затем кинофестиваль долгое время не проводился. Его стали вновь устраивать только в 1959 году: тогда в конкурсе победила картина «Судьба человека» Сергея Бондарчука.

Французский актёр Абель Ганс (в центре), индийский режиссёр Бимал Рой (справа) и советские киноартисты Сергей Бондарчук и Зинаида Кириенко, ММКФ 1959 год.

3. Фестиваль проводился сначала раз в два года, а с 1997 года он стал ежегодным. В 1972 году ему была присвоена категория «А», т.е. он получил такой же статус, как и Каннский, Берлинский и Венецианский кинофестивали.
4. Главный приз ММКФ – «Золотой Георгий». Это статуэтка с золотой миниатюрой, изображающей схватку святого Георгия

Победоносца с драконом.

➤ 5. Президентом Московского кинофестиваля на сегодняшний день является режиссёр и актёр Никита Михалков.

➤ 6. В разное время победителями ММКФ становились «Восемь с половиной» и «Интервью» Федерико Феллини, «Дерсу Узала» Акиры Куросавы, «Доживём до понедельника» Станислава Ростоцкого, «Мимино» Георгия Данелия, «Иди и смотри» Элема Климова и др.

➤ 7. Известно, что в рамках Московского кинофестиваля многим знаменитым актёрам присуждался приз имени Константина Станиславского «Верю». Среди лауреатов награды Джек Николсон, Мерил Стрип, Фанни Ардан, Жерар Депардье, Олег Янковский, Изабель Юппер, Хелен Миррен и Катрин Денёв.

Актёр Жерар Депардье и Никита Михалков на 28-м Московском международном кинофестивале, 2006 год

➤ 8. В 2012 году главный приз фестиваля получила лента из Великобритании – «Отбросы» Тиндж Кришнан. Почётный приз за выдающийся вклад в мировой кинематограф был присуждён известному американскому режиссёру Тиму Бёртону.

➤ 9. В 2013 году в основной конкурсной программе ММКФ представлены 16 картин из Франции, Испании, Польши, Японии, Нидерландов, Великобритании, Турции, Бразилии, Грузии. В конкурсе участвуют и три ленты из России: «Роль» Константина Лопушанского, «Скольжение» Антона Розенберга и «Иуда» Андрея

Богатырёва.

➤ 10. Жюри основного конкурса в этом году возглавляет иранский режиссёр и сценарист Мохсен Махмальбаф. Лента открытия фестиваля – фильм-катастрофа «Война миров Z» с Брэдом Питтом, фильм закрытия – картина Ираклия Квирикадзе «Распутин», где старца, вошедшего в императорскую семью, играет Жерар Депардье.

Алина Клещенко
АиФ, 20 июня 2013 года

СЛОВА И ВЫРАЖЕНИЯ

юбиле́йный	기념일, 축제	схва́тка	전투, 말다툼, 경련
состоя́ться	이루어지다, 실현되다, 진행되다	свято́й	성스러운, 순결한, 성인(의)
киносмо́тр	영화제	драко́н	드래곤
кинофестива́ль	영화제, 영화축제	победи́тель	우승자, 입상자, 정복자
изобража́ть	그리다, 연기하다, 나타내다	присужда́ть	판결을 내리다, 재정하다
кинемато́граф	영사기, 영화관, 영화촬영기	выдаю́щийся	뛰어난, 우수한, 저명한
кла́ссик	클래식	возглавля́ть	앞장서다, 영도하다
режиссёр	무대감독, 영화감독	закры́тие	폐막, 폐쇄
проводи́ться	진행되다	императо́рский	제국의
вновь	다시, 재차, 얼마 전에	победи́ть в чем?	승리하다, 능가하다
судьба́	운명, 운수, 장래	знамени́тый	유명한, 저명한
жюри́	심사위원, 심판원	катего́рия	종류, 분류
устра́ивать	짓다, 조직하다, 정돈하다	присво́ить	수여·부여하다, 착복하다, 훔치다
ста́тус	상태, 지위	дожи́ть до чего?	~까지 살다, 머무르다
статуэ́тка	조각상	ежего́дный	매년의, 연례의
миниатю́ра	미니어처	ве́рить	믿다, 신임하다
председа́тель	의장, 사회자, 장	предста́влен	제출된, 상연된

Гео́ргий Победоно́сец	게오르기 뽀베도노세츠(승리자)
на сего́дняшний день	오늘
в ра́мках кинофестива́ля	영화제 (범위)내에서
изве́стно, что...	~라고 알려져 있다
приз и́мени кого? чего?	~이름의 상
ле́нта, карти́на=фильм	영화필름
за вклад в кинемато́граф	영화에 대한 공헌
игра́ть роль	연기하다
до́лгое вре́мя	긴 시간

ЗАДАНИЯ

Выполните тест

1. ММФК впервые состоялся...

А) в 1935 году
Б) в 1997 году
В) в 1959 году

2. Первым председателем конкурса был...

А) Никита Михалков
Б) Сергей Эйзенштейн
В) Сергей Бондарчук

3. Главный приз фестиваля -

А) фигурка из золота, изображающая дракона
Б) Золотая маска
В) статуэтка, изображающая схватку святого Георгия Победоносца с драконом

4. Президент ММКФ -

А) Никита Михалков
Б) Сергей Эйзенштейн
В) Сергей Бондарчук

5. Один из лауреатов награды имени Станиславского -

А) Тиндж Кришнан
Б) Мохсен Махмальбаф
В) Джек Николсон

6. В 2012 году главный приз получил фильм...

А) "Отбросы"
Б) "Война миров Z"
В) "Распутин"

Вопросы к тексту

А. Ответьте на вопросы.

1. Как называется статья?
2. В какой газете она вышла?
3. Когда была издана эта статья?
4. Как зовут автора статьи?
5. О чем говорится в статье?
6. О каком событии рассказывается в статье?
7. Когда впервые состоялся Московский международный кинофестиваль?
8. Кто является в настоящее время президентом ММКФ?
9. Кто получил награду имени Станиславского "Верю"?
10. Какие кинокартины были удостоены главной премии фестиваля "Золотой Георгий"?

Б. Составьте письменный пересказ статьи. Выразите ваше отношение к проблеме.

В. Выполните перевод содержания статьи на корейский язык.

ПРАКТИКА

☆ 복문에서 '조건'을 나타내는 표현들(2)

в случае, если

- **В случае, если** рабочие завода объявят забастовку, администрация оставляет за собой право вызвать полицию.
- **В случае, если** будут нарушены правила пожарной безопасности, будет взят штраф в размере, предусмотренном законом.

если бы

- **Если бы** рабочие завода объявили забастовку, администрация вызвала бы полицию.
- Всё бы закончилось благополучно, **если бы** вовремя была оказана медицинская помощь.

☆ 단문에서 '양보'를 나타내는 표현들

несмотря на + *что* (대격)

несмотря на	решение
	меры
	работу

- Цены на продукты продолжают расти, **несмотря на** антиинфляционные меры правительства.
- **Несмотря на** работу комиссии, все вопросы продолжают решаться с отсрочкой.

Упражнения

A. Переведите фразы на русский язык, используя следующие выражения.

в случае, если	если бы	несмотря на

1. 비가 내리기 시작하면, 공원에서 콘서트를 우리는 내일 할 것이다.

2. 만일 그들이 빨리 결정했더라면, 그것은 일어나지 않았을 것이다.

3. 아팠음에도 불구하고, 배우는 끝으로 자신의 역을 연기했다.

4. 축제에 회장이 방문할 경우를 대비하여, 특별한 프로그램이 준비되어있다.

5. 나이에도 불구하고, 그녀는 춤을 아주 잘 췄다.

Б. Переведите следующие фразы на русский язык.

1. 모스크바에서 영화제가 열렸다.

2. 관객들은 인기 배우를 기다렸다.

3. 젊은 발레리나는 첫 번째 상을 수상했다.

4. "황금 마스크" 상은 예술의 분야에서 권위있는 상이다.

5. 축제에서 유명한 젊은 감독의 영화들을 보여주었다.

12 Урок

Образование

ПОЧИТАЕМ

СТАТЬЯ 1

Конкурс в престижных вузах подскочил

Расстановка сил в этом году традиционная: самые высокие конкурсы ожидаются на медицинских, экономических и юридических факультетах.

Самый низкий конкурс - в технических вузах. В целом бюджетных мест осталось столько же, сколько и в прошлом году. А выпускников школ стало меньше на 1,4 процента. Теоретически это должно сыграть детям на руку.

Выпускники этого года справились с Единым госэкзаменом лучше, чем 2012-го. Тогда без аттестата остались 25 тысяч школьников, а сейчас - 19 тысяч. Да и экзамены по большинству предметов сданы на более высокие баллы. Это означает, что проходной минимум в ведущие вузы станет выше.

Школьник, получивший 300 баллов за три экзамена, естественно, сможет поступить на бюджет в любой вуз. Такие уникумы встречаются один на сотню тысяч. А если у тебя не все «сотни», то какие шансы попасть в вуз своей мечты?

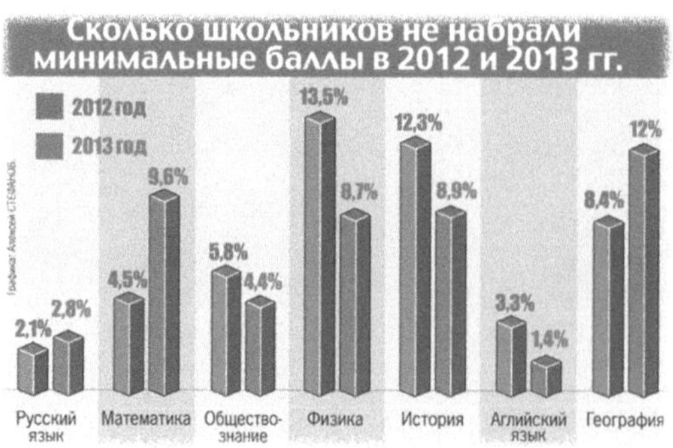

Минобрнауки считает: выше всего планка в этом году в медицинских вузах. Чтобы гарантированно выучиться на врача в сильном мединституте, необходимо будет набрать 296 баллов в сумме по трем предметам. То есть сдать на 99 баллов химию, русский язык и биологию.

У будущих юристов с политологами такой проходной балл - 292. У пиарщиков и рекламщиков планка - 293 балла по русскому, английскому и обществознанию. Проблема в том, что Единый экзамен по иностранным языкам считается одним из самых легких. В этом году английский язык не сдали лишь 1,4 процента выпускников.

На деле же шансы поступить в хороший университет есть и у не самых сильных ребят. В Российский национальный исследовательский мед-университет им. Пирогова в прошлом году для поступления на стоматологию надо было набрать 271 балл. На другие факультеты брали и с более низким результатом. На юрфак в МГУ в прошлом году тоже брали не только вундеркиндов. Средний балл за четыре ЕГЭ составлял «всего» 84,5.

В прошлом году на энергетику в МИФИ брали даже тех, кто еле-еле наскреб 50 баллов за предмет. То есть тех, кто балансирует на грани между четверкой и тройкой. В Бауманку на приборостроение зачисляли школьников с 43 баллами в среднем.

Это при том, что Минобрнауки выделяет все больше бюджетных мест для технарей. Вот только желающих на них учиться все меньше.

Ксения КОНЮХОВА,
Комсомольская правда, 8 июля 2013 года

СЛОВА И ВЫРАЖЕНИЯ

подскочи́ть	도약하다, 급등하다	полито́лог	정치학자
расстано́вка	배치, 배열, 짧은 휴지	есте́ственно	자연히, 있는 그대로, 당연히
ожида́ться	기대, 예상하다	рекла́мщик	광고 만드는 사람
техни́ческий	기술의 기술적	обществозна́ние	사회
юриди́ческий	법률의, 재판상의	счита́ться чем	알려지다, 간주되다
медици́нский	의학의, 의료의	иссле́довательский	연구의, 조사의
экономи́ческий	경제의, 경제적	стоматоло́гия	구강학
выпускни́к	졸업예정자	юрфа́к	법대
теорети́ческий	이론적, 이론의	вундерки́нд	영재, 신동
спра́виться с чем	다루다, 조정하다	энерге́тика	동력공학, 동력공업
аттеста́т	증명서, 수료증, 졸업장	МИФИ	모스크바 공학 물리대학교
зачисля́ть	등록하다, 입적시키다	е́ле-е́ле	겨우, 간신히, 가까스로
вуз	대학, 고등교육기관	наскрести́	조금씩 모으다
пиа́рщик	PR	баланси́ровать	균형을 잡다
у́никум	매우 똑똑한 사람	грань	경계, 쪽, 끝머리
пла́нка	병균	Ба́уманка	바우만 공대
гаранти́рованно	확실한, 보장된	приборострое́ние	도구, 기구
хи́мия	화학	веду́щий	지도자, 리더
биоло́гия	생물학	техна́рь	기술학교 졸업자

бюдже́тное ме́сто	대학 전면 장학금
сто́лько же, ско́лько	~한 것만큼
сыгра́ть кому на́ руку	어떤 사람에게 도움이 되도록 행동하다
еди́ный госэкза́мен	유일한 국가시험
проходно́й ми́нимум	최소한 통과
поступи́ть на бюдже́т	예산에 따라 처리하다
встреча́ться оди́н на сотню	매우 드물게 만나다
минобрнау́ки	교육과학부
на де́ле	실제로, 사실은
пробле́ма в том, что...	문제는 ~이다.

ЗАДАНИЯ

Выполните тест

1. Самый высокий конкурс...

А) на медицинский, экономический и юридический факультеты
Б) на технический факультет
В) на экономический факультет

2. Самое легкое поступление...

А) на экономический факультет
Б) на технический факультет
В) на юридический факультет

3. В этом году в России проходной минимум...

А) стал выше
Б) стал ниже
В) на том же уровне

4. Для поступления в лучший университет надо...

А) сдать конкурсный экзамен по специальности
Б) получить пятерки
В) набрать 290~300 баллов на ЕГЭ

5. Самый легкий экзамен в этом году...

А) по всем предметам
Б) по английскому языку
В) по русскому языку

6. Большое количество бюджетных мест выделено...

А) в экономических вузах
Б) во всех университетах
В) в технических вузах

Вопросы к тексту

А. Ответьте на вопросы.

1. Как называется статья?
2. В какой газете она вышла?
3. Когда была издана эта статья?
4. Как зовут автора статьи?
5. О чем говорится в статье?
6. Как выпускники справились с Единым государственным экзаменом?
7. Какие факультеты в России самые популярные?
8. Какие вузы в России не пользуются популярностью?
9. Что нужно для поступления в лучшие вузы в России в вашей стране?
10. Что дает поступление в вуз?

Б. Составьте письменный пересказ статьи. Выразите ваше отношение к проблеме.

В. Выполните перевод содержания статьи на корейский язык.

СТАТЬЯ 2

Инфляция дипломов

Все больше молодых россиян стремятся получить второе высшее образование. Зачем им это надо?

Россиянам мало одного высшего образования. В современной жизни человек без высшего образования негативно воспринимается обществом и работодателями.

Но одного высшего образования в условиях современного общества становится недостаточно для того, чтобы претендовать на высокую должность, и молодые люди начинают задумываться о втором образовании. Если раньше человек, имеющий диплом, обладал определенными преимуществами, то теперь наличие одного высшего образования больше не отличает претендента в глазах работодателей. Необходимые конкурентные преимущества дают ему теперь два(и более) диплома.

Ведущий специалист "Психологического центра на Волхонке" Илья Шабшин называет несколько причин, по которым люди начинают задумываться о подаче документов на второе высшее образование. Прежде всего, это желание расширить сферу своих компетенций за счет новых знаний и умений(например, когда программист с высшим техническим образованием решает открыть свою фирму и хочет получить второе высшее юридическое образование), а также получить дополнительный козырь при переговорах с работодателем(в расчете на повышение уровня заработной платы).

Лариса Чугуевская, руководитель департамента рекламы и PR рекрутингового агентства Penny Lane Personnel, считает, что наличие двух дипломов - это всегда очевидный плюс. "Это говорит о том, что человек не только разносторонен, но и талантлив, - уверена она. - Для профессионального и карьерного роста два диплома о высшем образовании - это однозначно больше возможностей".

Как бы то ни было, с каждым годом поступающих на второе высшее становится все больше. Ректор МЭСИ Наталья Тихомирова считает, что люди вынуждены постоянно совершенствовать свои навыки, чтобы соответствовать современным требованиям рынка труда.

В данный момент вся российская образовательная структура претерпевает существенные изменения в связи с вступлением России в Болонский процесс. Изменения затрагивают, разумеется, и систему организации второго высшего образования. Пока, однако, не ясно, чем станет второе высшее в связи с принятием новых правил: останется ли это понятие и будет развиваться дальше, приняв иную форму, или полностью исчезнет?

Ирина Абанкина уверена, что теперь магистратура приобретет ту привилегию, которая раньше была дана второму высшему образованию. Такого же мнения придерживается и Сергей Гуриев: "Сам феномен получения второго, третьего высшего образования не исчезнет, можно будет получать несколько магистерских степеней - хотя речь уже не будет идти о том, чтобы второй раз учиться в бакалавриате".

Фактически, утверждают эксперты, вместо второго высшего образования люди будут получать магистерские степени, но суть и цель останутся теми же - получение новых конкурентных преимуществ для развития своего карьерного пути.

Высшее образование, которое теперь более доступно, чем несколько десятков лет назад, стало социальной нормой, и это вынуждает людей задумываться о получении второго диплома. Экономист Ростислав Капелюшников отмечает, что через 30-40 лет рынок труда будет примерно на две трети состоять из специалистов с высшим образованием, а это может привести к "погоне за дипломами" все более высокого уровня. Это приведет к еще большему, чем сейчас, числу специалистов, не имеющих возможности работать согласно своему профилю и вынужденных занимать рабочие места, требующие более низкого уровня знаний.

Таким образом, нынешнее состояние высшего образования - доступного и массового - не только развивает автономность образовательной сферы и ее несвязанность с рынком труда, что чревато серьезными как социальными, так и финансовыми последствиями, но и способствует развитию "погони за дипломами", что в дальнейшем может привести даже к обесцениванию высшего образования.

Кристина Логинова
Профиль, декабрь 2013 года

СЛОВА И ВЫРАЖЕНИЯ

негати́вно	부정의, 반대의	ре́крутинговый	모집의
восприниматься	인식, 지각하다	очеви́дный	명백한, 명확한
работода́тель	고용주, 고용자	разносторо́нний	다방면의, 다재다능한
недоста́точно	부족·불완전하게	карье́рный	경력의
претендова́ть на что	~에 대한 권리를 주장하다.	заду́мываться над чем	생각·궁리하다
соверше́нствовать	완성시키다, 개선하다, 연마하다	МЭСИ	모스크바 경제통계대학교
до́лжность	임무, 직장, 직위	на́вык	숙련, 숙달된 기능
облада́ть чем	소유·점유하다	соотве́тствовать	~에 맞다, 부합하다
нали́чие	출석, 재석	тре́бование	요구, 청구, 수요
конкуре́нтный	경쟁의, 경쟁적인	суще́ственный	본질적, 중요한
претенде́нт	지망자, 경쟁자, 도전자	затра́гивать	다치다, 건드리다, 언급하다
преиму́щество	우세, 우월, 면책	магистрату́ра	석사과정
дипло́м	면허장, 졸업증서	привиле́гия	특권, 특허권
досту́пный	알맞은, 접근하기 쉬운	фено́мен	현상, 상황, 보기 드문 인물
компете́нция	능력, 권한, 권위	бакалавриа́т	학사, 학사학위자
программи́ст	프로그래머	пого́ня за чем	추격, 추적, 추구
ко́зырь	결정적 수단, 훌륭한 사람, 멋쟁이	факти́чески	사실상, 실제·실용적으로
департа́мент	부, 국, 과	расши́рить	넓히다, 확장하다
рекла́ма	광고, 선전	обесце́нивание	가치하락, 가격하락

расши́рить что за счёт чего	~의 방법으로 확장·확대하다
реша́ть откры́ть	시작하기로 결정하다
ры́нок труда́	노동 시장
в да́нный моме́нт	이 순간에, 이 경우에
претерпева́ть измене́ния	변경되다
Боло́нский проце́сс	볼로냐 과정(유럽교육시스템에 대한)
разуме́ется, что...	물론, 말할 것이 없이
чрева́т после́дствиями	결과를 내포하다
приде́рживаться мне́ния кого	의견(견해)을 고수하다
маги́стерская сте́пень	석사 학위

ЗАДАНИЯ

Выполните тест

1. О человеке без высшего образования...

А) хорошо думают работодатели
Б) никто не думает
В) плохо думают работодатели

2. Второе образование помогает...

А) расширить свою компетенцию
Б) повысить уровень культуры
В) увеличить занятость

3. Российская образовательная система изменилась...

А) после вступления в ВТО
Б) после вступления в Болонский процесс
В) после распада СССР

4. В настоящее время магистратура...

А) начинает играть роль второго высшего образования
Б) не эффективна
В) не популярна у россиян

5. Если большинство будет иметь диплом о высшем образовании, то...

А) можно будет говорить об образованности страны
Б) начнется погоня за дипломами для трудоустройства
В) откроются новые вузы

6. Погоня за дипломами приведет к тому, что...

А) уровень образования станет выше
Б) появится много рабочих мест
В) многие люди будут вынуждены работать не по своей специальности

Вопросы к тексту

А. Ответьте на вопросы.

1. Как называется статья?
2. В каком журнале она вышла?
3. Когда была издана эта статья?
4. Как зовут автора статьи?
5. О чем говорится в статье?
6. Что такое второе высшее образование?
7. Почему в России становится популярным второе высшее образование?
8. Что такое "погоня за дипломами"?
9. Какое образование необходимо в наше время?
10. Что необходимо молодому человеку для трудоустройства?

Б. Составьте письменный пересказ статьи. Выразите ваше отношение к проблеме.

В. Выполните перевод содержания статьи на корейский язык.

ПРАКТИКА

☆ 복문에서 '양보'를 나타내는 표현들

несмотря на то, что

- Страна страдает хронической массовой безработицей **несмотря на то, что** на наукоёмких направлениях промышленности не хватает рабочих рук.
- **Несмотря на то что** было закуплено много необходимого, продолжает ощущаться дефицит.

хотя

- Формальная повестка дня не планируется, **хотя** одной из главных тем встречи будет вопрос об уничтожении химических вообружений.
- **Хотя** по данному вопросы прозвучали все мнения, всё равно остались белые места.

но

- Преодолевать печальное наследие прошлого весьма непросто, **но** другого пути у страны нет.
- Полиция выяснила все причины нападения, **но** до сих пор не найдены виновники случившегося.

Упражнения

A. Переведите фразы на русский язык, используя следующие выражения.

несмотря на то, что	хотя	но

1. 버스가 지연되었음에도 불구하고, 그는 제 시간에 도착했다.

2. 스베따는 열심히 훈련했지만, 그녀는 시합들에 형편없이 참가했다.

3. 새로운 카페를 개업했지만, 아직 요리사가 없다.

4. 그는 출장을 다녀왔음에도 불구하고, 그는 끝까지 자신의 일을 완수했다.

5. 그는 많은 일이 있음에도 불구하고, 항상 운동을 한다.

Б. Переведите следующие фразы на русский язык.

1. 고등 교육없이 좋은 직장을 찾는 것은 불가능하다.

2. 젊은이들은 자신의 미래에 대해 많이 생각한다.

3. 기술 전문가들은 러시아에서 인기가 없다.

4. 러시아에는 IT 전문가들이 필요하다.

5. 러시아 교육 시스템이 변경되었다.

13 Урок

Карьера

ПОЧИТАЕМ

СТАТЬЯ 1

Естественный отбор кадров

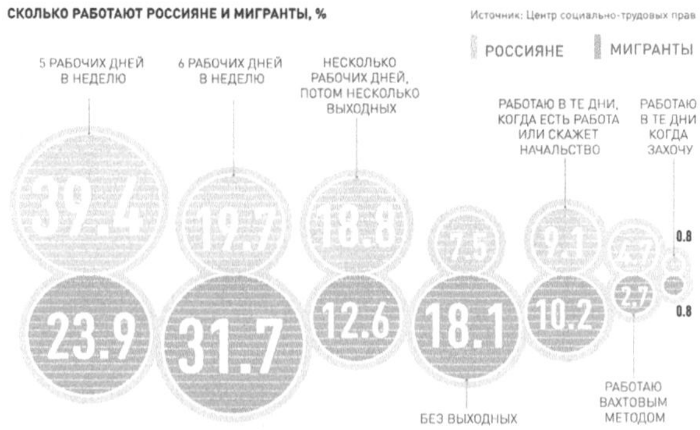

Конкуренция между россиянами и мигрантами происходит в основном за неквалифицированные рабочие места, где работодатель изначально готов к нарушению норм трудового права. На рабочих местах более высокого качества иностранцы, как правило, не являются конкурентами для российских работников.

Об этой тенденции "РГ" рассказал заведующий сектором изучения миграционных и интеграционных процессов Института социологии РАН Владимир Мукомель.

За последний год зарплата и количество рабочих часов российских работников и гастарбайтеров на низших должностях практически сравнялись. Иностранец в среднем получает 20,2 тысячи рублей в месяц, а россиянин немногим более - 24,7 тысячи.

Это хорошая новость, если бы не одно "но". Россиян в их трудовых правах начали приравнивать к приезжим. В результате наши граждане становятся такими же бесправными на своих рабочих местах, как и иностранцы, - им задерживают зарплату, заставляют работать сверхурочно, не предоставляют положенный отпуск. Ориентация "на борьбу за права" практически не встречается.

В то же время исследование подтвердило, что гастарбайтеры работают больше российских жителей, но эта разница меньше, чем принято считать: средняя продолжительность рабочей недели мигрантов составляет 57 часов, россиян - 50 часов. Почти четверть иностранцев работают только пять дней в неделю - среди россиян доля таких составляет 39,4 процента. Без выходных среди последних работает 8 процентов, а вот у иностранцев доля таковых достигает 18 процентов.

Какой вывод делают эксперты? Россиянам за последние годы пришлось "подстраиваться" под условия, на которых работают мигранты. А не наоборот! В противном случае получить работу будет проблематично. За три последних года приток мигрантов увеличился на рекордные 37 процентов. Соискателей стало больше, и у работодателей появилась возможность выбора: взять на работу местного или приезжего. "В России целые предприятия в одночасье меняли российский коллектив на "дешевый" иностранный. Чтобы остаться у станка, нашим рабочим приходилось соглашаться на невыгодные для себя условия. Особенно сложная ситуация складывается в моногородах,"- сказал "РГ" Петр Бизюков, ведущий специалист социально-экономических программ Центра социально-трудовых прав.

Елена Домчева

Российская газета, 9 июля 2013 года

СЛОВА И ВЫРАЖЕНИЯ

се́ктор	분야, 부문, (관청·시설의)국, 부	беспра́вный	공권 없는, 공권을 상실한
мигра́нт	이주자	заде́рживать	막다, 지체·연기하다
сравня́ться	동등하게하다, 비교하다	заставля́ть	강요하다, 부득이 ~하게하다
наруше́ние	위반, 위배, 파괴	сверхуро́чно	시간 외에
но́рма	규범, 표준, 기준량	предоставля́ть	맡기다, 위임하다, 주다
пра́во	법, 권리, 자격	о́тпуск	휴가, 휴일, 명절
тенде́нция	경향, 편견	ориента́ция	통달, 목표로 하는 것
заве́дующий	경영자, 장, 관리인	ра́зница	차이, 불균형, 불일치
конкуре́нция	경쟁	выходно́й	휴식의, 명절의
миграцио́нный	이주·이동의	достига́ть	도착·도달·달성하다
интеграцио́нный	통합, 융합	вы́вод	데리고 나가는 것, 결말
наоборо́т	반대로, 거꾸로, ~은 커녕	подстра́иваться	나란히 세우다, 정렬하다
социоло́гия	사회학	проце́сс	과정, 경로, 처리
РАН	러시아과학아카데미	проблемати́чно	미해결의, 의문이
гаста́рбайтер	이주 노동자	прито́к	지류, 합류점, 유입
до́лжность	지위, 직위, 직장	соиска́тель	(학위의)청구자, 지원자
моного́род	작은 도시	ме́стный	지방의, 지역의
прие́зжий	새로운 사람, 방문자	изнача́льно	원래, 최초의

получа́ть в сре́днем	평균을 받다
прира́внивать в права́х к кому	~와 동일한 권한을 가지고 있다
в то же вре́мя	동시에
иссле́дование подтверди́ло, что...	연구는 ~라고 확인되었다
рабо́чая неде́ля	일주일 노동 시간
че́тверть иностра́нцев	외국인들의 1/4
в одноча́сье	대단히 빠르게, 즉각, 즉시
соглаша́ться на усло́вия	약관(조건)에 동의하다
де́лать вы́вод	결론을 내리다
в проти́вном слу́чае	반대의 경우에는, 그렇지 않을 경우에는

ЗАДАНИЯ

Выполните тест

1. Россияне и мигранты конкурируют за...

А) хорошо оплачиваемую работу
Б) квалифицированный труд
В) неквалифицированные рабочие места

2. Положение россиян и мигрантов на рабочих местах...

А) улучшилось
Б) стало одинаковым
В) ухудшилось

3. Продолжительность рабочей недели оказалась длиннее...

А) у иностранной рабочей силы
Б) у россиян
В) у всех

4. Без выходных больше работают...

А) эмигранты
Б) мигранты
В) россияне

5. Российские рабочие, чтобы продержаться на рабочем месте,...

А) не берут отпуска
Б) работают больше иностранцев
В) подстраиваются под мигрантов

6. Работодатели предпочитают...

А) иностранную рабочую силу
Б) российских рабочих
В) квалифицированный труд

Вопросы к тексту

А. Ответьте на вопросы.

1. Как называется статья?
2. В какой газете она вышла?
3. Когда была издана эта статья?
4. Как зовут автора статьи?
5. О чем говорится в статье?
6. Кто такие неквалифицированные рабочие?
7. Почему неквалифицированным трудом занимается много мигрантов?
8. Какими стали условия работы россиян?
9. Где и как используется в Корее неквалифицирoнный рабочий труд?
10. Какие проблемы с трудоустройством есть в вашей стране?

Б. Составьте письменный пересказ статьи. Выразите ваше отношение к проблеме.

В. Выполните перевод содержания статьи на корейский язык.

СТАТЬЯ 2

Куда пойти учиться будущему IT-специалисту?

В этом году в России школу закончили чуть больше 708 тысяч ребят. Из них 55 тысяч сдавали ЕГЭ по информатике. То есть около 7,8% абитуриентов планируют связать свою жизнь с информационными технологиями. Но вот беда - выбирая специальность, ребята не очень себе представляют, чем будут заниматься после получения диплома. Многие ориентируются на название специальности, на рассказы старших ребят или на престижность вуза.

«Комсомолка» выяснила, какие IT-специальности будут востребованы и через 3~4 года. Вот рейтинг самых престижных IT-специальностей недалекого будущего.

1. «Датасаентист» - и специалист по работе с большими объемами данными. Big data - популярное и перспективное направление в информатике. Что это такое? Это сбор и систематизация информации огромных объемов и разнообразного состава. Нужно анализировать информационный массив целиком и принимать на его основе серьезные управленческие решения.

2. Специалист по облачным вычислениям. Облачные хранилища данных – это мощные виртуальные серверы, на которых хранятся данные пользователей. Благодаря тому, что данные сохраняются в так называемых «облаках», они не прикреплены к конкретному ПК и могут извлекаться с менее мощных, чем сервер, устройств. Так работают диски Google и Яндекс, Файлы Mail.Ru, сервис Apple

iCloud, или даже Google chrome, который запоминает закладки, пароли и историю браузера пользователя. Эксперты прогнозируют бурный рост количества таких систем в ближайшие годы, а специалистов для их разработки очень мало.

3. Разработчик мобильных приложений. Нет смысла объяснять, что это такое. Смартфон = мобильные приложения. Каждое новое приложение интереснее и сложнее предыдущего, появляются новые специализации в этой сфере.

4. Специалист по робототехнике. Это уже не новое направление в ИТ, но сейчас оно стремительно набирает обороты. Сфера очень сложная, здесь и электроника, и механика, и информатика.

5. Специалист по информационной безопасности. Еще одна широкая сфера со множеством ответвлений. Здесь и разработка антивирусов, и защита систем электронных платежей – в общем все, что поможет информации быть под защитой.

6. Комплексная автоматизация бизнес-процессов. Автоматизация нужна, чтобы быстрее решать различные бизнес-задачи. С помощью IT-решений можно ускорить практически любые бизнес-процессы: от привлечения новых клиентов до расчета зарплаты. Но все процессы в бизнесе связаны между собой, поэтому комплексная автоматизация эффективнее и проще.

Еще выделяют междисциплинарные направления, например биоинформатику. Всегда остаются востребованными программисты на платформах 1С, C++, Java и других.

Между высшим образованием и реальной работой как всегда существует дистанция. Ни на разработчика мобильных приложений, ни на бизнес-аналитика, ни на специалиста по облачным вычислениям выучиться нельзя. Оно и понятно. «Еще 5 лет назад не существовало ни одной из перечисленных выше специальностей», - рассказывает

Александр Гаврилов. Но это не повод отказаться от высшего образования и решить, что ты всему научишься сам. Вузовская подготовка дает фундамент для развития специалиста. К тому же такая у нас страна, без диплома никуда не возьмут. А технические вузы открывают двери в большие компании.

Чтобы по окончании вуза стать настоящим профессионалом, одного университетского образования недостаточно. Формула успеха для айтишника выглядит так: учеба в вузе + курсы дополнительного образования + стажировки и пробные работы + самообразование = профессионал в сфере ИТ.

Это сложно, но для такого образования созданы все условия. Тем, кто хочет и любит учиться, помогают и оказывают поддержку. Например, Mail Ru Group ежегодно проводит чемпионат по программированию Russian Code Cup, а компания Microsoft - международный технологический конкурс среди студентов и старшеклассников Imagine Cup. Обе компании сотрудничают с вузами и организуют курсы и онлайн-школы для студентов.

Екатерина МАРЕЕВА
Комсомольская правда, 27 июня 2013 года

СЛОВА И ВЫРАЖЕНИЯ

абитурие́нт	학교 졸업생, 대학 신입생, 대학입학생	извлека́ться	뽑아내다, 이끌어내다, 구출, 추출하다
беда́	불행, 어려운 일	мо́щный	힘있는, 강력한
специа́льность	전문(전공) 분야	виртуа́льный	잠재하는, 가능한
се́рвер	서버하는 사람	храни́лище	창고, 저장소, 보관소
представля́ть себе́	상상하다	храни́ться	보관되다
ориенти́роваться	어떤 것을 목표·목적·대상으로 하다	конкре́тный	구체적, 구상적, 실제적
прести́жность	위신, 위력	диск	레코드, 원판
недалёкий	멀지 않은, 오래 걸리지 않는	закла́дка	설치, 기공, 기초, 설치
объём	용량, 범위, 한계	паро́ль	암호, 비밀번호
да́нные	자료, 지식, 정보	бра́узер	브라우저
направле́ние	방향	прогнози́ровать	예상·예측하다
сбор	수집, 수확, 회의	ИТ	정보기술
систематиза́ция	체계화, 계통화	электро́ника	전자공학, 전자학
огро́мный	커다란, 거대한	привлече́ние	끄는 힘, 매력
разнообра́зный	다양한, 여러 가지의	востре́бованный	청구된
соста́в	구성, 화합물, 성원	диста́нция	거리, 간격
целико́м	전적으로, 완전히	стажиро́вка	견습, 실습
управле́нческий	관리의	про́бный	시험의, 견본의

связа́ть свою́ жизнь с чем	자신의 삶을 ~과 연결시키다
"Комсомо́лка" вы́яснила, что...	"꼼소몰까"는 ~라고 밝혔다
нет смы́сла объясня́ть, что...	~을 설명하는 것은 무의미하다
набира́ть оборо́ты	활발히 발전하다, 매우 인기 있다
Ву́зы открыва́ют две́ри куда	대학들이 (~로)문을 열다(개방하다).
фо́рмула успе́ха	성공을 위한 공식
ока́зывать подде́ржку	지원·지지하다
по оконча́нии ву́за	대학 졸업 후
Оно́ и поня́тно.	그것은 분명하다.

ЗАДАНИЯ

Выполните тест

1. 708 тыс. россиян...

А) поступили на работу
Б) получили аттестаты
В) стали заниматься компьютерами

2. Абитуриенты выбирают...

А) гуманитарное направление
Б) бизнес-технологии
В) информационные технологии

3. Специалисты по информационной безопасности занимаются...

А) проверкой базы
Б) созданием вирусов
В) созданием антивирусов

4. Разработчик мобильных приложений создает...

А) программы для смартфона
Б) защиту электронных платежей
В) новые базы данных

5. Подготовка в университете дает...

А) полное образование
Б) базу для развития
В) хорошую практику

6. Чтобы стать профессионалом, надо...

А) закончить университет
Б) пройти курсы и стажироваться
В) получить образование в школе

Вопросы к тексту

А. Ответьте на вопросы.

1. Как называется статья?
2. В какой газете она вышла?
3. Когда была издана эта статья?
4. Как зовут автора статьи?
5. О чем говорится в статье?
6. Какие специальности популярны в России?
7. Расскажите о некоторых из них на основе текста.
8. Как можно стать профессионалом?
9. Какие специальности популярны сейчас в Корее?
10. Что нужно для того, чтобы найти хорошую работу в вашей стране?

Б. Составьте письменный пересказ статьи. Выразите ваше отношение к проблеме.

В. Выполните перевод содержания статьи на корейский язык.

ПРАКТИКА

☆ 단문에서 현재 시간 표현들

1) 행위가 이루어지는 전체 시간 표현

대격(시간, 기간)	(전치사 없이)
	два часа месяц всю жизнь

❑ Президент выразил надежду, что вооружённый конфликт, длящийся уже **десять месяцев**, прекратится.

❑ Поблема, которую не могли устранить вот уже **два часа**, наконец, была разрешена.

в течение + *чего* (생격)	
в течение	года лета переговоров

❑ **В течение двух дней** министры будут обсуждать международные проблемы.

❑ **В течение переговоров** были приняты важные решения.

на протяжении + *чего* (생격)	
на протяжениии	пяти лет жизни трёх лет

❑ **На протяжении** уже почти **трёх десятилетий** продолжаются экономические и культурные связи этих двух государств.

❑ **На протяжении жизни** он писал исторические очерки.

Упражнения

А. Переведите фразы на русский язык, используя следующие выражения.

대격(시간, 기간)	в течение	на протяжении

1. 그는 전 생애동안 공장에서 일했다.

2. 일하는 하루 동안 그는 매우 바쁘다.

3. 작곡가는 생애 동안 작품을 위해 일했다.

4. 2시간 동안 연설이 계속되었다.

5. 한 달 동안 그는 시험을 준비하고 있다.

Б. Переведите следующие фразы на русский язык.

1. 러시아에는 IT 전문가들이 부족하다.

2. 대학신입생들은 새로운 기술들을 선택한다.

3. 전문가가 되기 위해서는 많은 훈련을 해야한다.

4. 러시아에서 이민자와 러시아 노동자들 사이에 심각한 문제가 있다.

5. 이주민과 러시아 노동자들은 같은 조건 속에 있다.

14 Урок

Персона

ПОЧИТАЕМ

СТАТЬЯ 1

Просто гений

Михаил Тимофеевич Калашников

автомат Калашникова

История развития инженерной мысли подтверждает истину, гласящую, что всё гениальное - просто. 10 ноября 1919 года в Алтайском селе Курья родился человек, которому суждено было создать самое гениальное оружие 20 века. Семнадцатый ребёнок в крестьянской семье, Миша Калашников и представить себе не мог, какая слава ждёт его впереди. С детства увлекавшийся механизмами, он начал конструировать оружие ещё до войны, в 1938 году, когда был призван в армию.

Получив опыт первых боёв, конструктор-самоучка Калашников в госпитале начинает разрабатывать автоматическое стрелковое оружие, чего так не хватало в тот период его товарищам на фронте.

Но талантливого оружейника-самоучку оценили и взяли на работу на Центральный научно-исследовательский полигон стрелкового вооружения Главного артиллерийского управления. Там Михаил Калашников продолжил работу над принципиально новым автоматом, в котором нуждалась армия. Он чётко понял, какие качества должны отличать идеальное оружие. Помимо хороших показателей дальности и точности стрельбы, автомат должен быть прост в производстве, недорог по стоимости и неприхотлив в эксплуатации. Именно таким требованиям соответствовал автомат Михаила Калашникова, победивший в конкурсе 1947 года и принятый на вооружение под именем АК-47.

Периодически можно слышать заявления о том, что автомат Калашникова устарел и нуждается в замене. Однако конкурентам не удаётся превзойти гений конструктора-самоучки, чья разработка оказалась символом эпохи. Лучше автомата Калашникова пока ничего не получается. Это оружие остаётся на вооружении 50 армий мира, оно изображено даже на гербах и флагах разных государств. Можно сказать, что русским оружием изменяли мир, восстанавливали справедливость и меняли режимы. Автомат Калашникова стал символом борьбы.

Иногда Михаила Тимофеевича Калашникова спрашивали о том, не жалеет ли он, что создал свой автомат — ведь с его помощью была пролита масса людской крови. Но конструктор создал оружие для защиты справедливости, и не его вина, если оно попало в злые руки. «Одно и то же пламя и сжигает, и прогоняет тьму», - сказал когда-то другой гениальный изобретатель Леонардо да Винчи.

Если сравнивать влияние изобретения Михаила Калашникова на историю человечества, то оно сопоставимо со знаменитой системой Windows Гейтса. Так что для понимания молодым поколением роли в истории конструктора Калашникова его можно назвать "оружейным Биллом Гейтсом".

Андрей Сидорчик, АиФ, 24 июня 2013 года

СЛОВА И ВЫРАЖЕНИЯ

инжене́рный	공학의, 기술의	полиго́н	사격장
мысль	사고, 생각	то́чность	정확성
подтвержда́ть	확증·확인·증명하다	нужда́ться в чем	필요하다
и́стина	진리, 진실	заме́на	교체, 교대, 교환
гениа́льный	천재적인, 독창적인	да́льность	원거리, 장거리
ору́жие	무기, 병기	артиллери́йский	대포의, 포병의
крестья́нин	농민	конкуре́нт	적수, 경쟁자
сла́ва	명예, 명성, 영예	сто́имость	가치, 비용, 값
увлека́ться	열중·몰두하다	неприхотли́вый	간소한, 단순한
механи́зм	기계장치, 기구	эксплуата́ция	채취, 채굴, 개발
конструи́ровать	조직·구성하다, 세우다	превзойти́	능가·우월하다
бой	전투, 싸움, 격투	справедли́вость	정의, 도리, 정확
го́спиталь	병원	пла́мя	불꽃, 화염
разраба́тывать	개발·연구·조사하다	изобрета́тель	발명가, 창안자
стрелко́вый	사격, 보병의	тьма	어두움, 암흑, 무지
сжига́ть	불살라버리다, 태워 버리다, 소각하다	прогоня́ть	몰아내다, 쫓아내다, 해산시키다
фронт	정면, 앞면	изобрете́ние	발명, 발명품
отлича́ть	분별·구별·식별하다	челове́чество	인류, 인간

кому суждено́ было+inf	~할(될) 것 같았다
предста́вить себе́ не мог, что...	~을 상상할 수가 없다
с де́тства	어린 시절부터
был при́зван в а́рмию	육군에 입대했다
констру́ктор-самоу́чка	독학-설계자
поми́мо хоро́ших показа́телей	좋은 지표들을 제외하고
executive	

ЗАДАНИЯ

Выполните тест

1. Калашников родился...

А) в семье военных
Б) в семье конструкторов
В) в семье крестьян

2. Калашников изобрел...

А) автомат
Б) танк
В) ракету

3. Автомат был создан давно,...

А) автомат пора заменить
Б) но никто не может превзойти его
В) это неэффективное оружие

4. Помимо хорошей дальности и точности стрельбы, автомат должен быть...

А) эффективным и современным
Б) простым в производстве
В) простым, недорогим и легким в использовании

5. Оружие, созданное изобретателем, стало...

А) символом СССР
Б) символом войны
В) символом защиты свободы

6. Изобретение Михаила Калашникова - это...

А) символ советского прошлого
Б) гениальное изобретение века
В) оружие нового поколения

Вопросы к тексту

А. Ответьте на вопросы.

1. Как называется статья?
2. В какой газете она вышла?
3. Когда была издана эта статья?
4. Как зовут автора статьи?
5. О чем здесь говорится?
6. О каком человека рассказывается в статье?
7. Что вы узнали о Михаиле Калашникове?
8. Почему автомат, который он создал, до настоящего времени является незаменимым?
9. Что Калашников думает о своем изобретении?
10. Как вы прокомментируете слова Леонардо да Винчи "Одно и то же пламя и сжигает, и прогоняет тьму"?

Б. Составьте письменный пересказ статьи. Выразите ваше отношение к проблеме.

В. Выполните перевод содержания статьи на корейский язык.

СТАТЬЯ 2

Василий Ливанов: Надо быть больным человеком, чтобы придумать такое

Василия Ливанова не нужно представлять - он известен во всём мире. Королева Великобритании Елизавета II назвала его лучшим в мире исполнителем роли Шерлока Холмса и наградила за это орденом Британской империи.

- Василий Борисович, расскажите, почему вы стали актёром, а не художником? Ведь вы окончили серьёзное заведение - Московскую художественную школу.

- В художественную школу я поступил после семилетки и окончил её успешно. И хотя это не стало моей прямой профессией, очень помогло в актёрской и режиссёрской работе. Мой отец тоже всю жизнь рисовал, он даже шутил, что актёрство - это его хобби, а профессия - художник, хотя он был великим русским актёром.

- Как папа отнёсся к тому, что вы всё-таки пошли в актёры?

- После художественной школы я сдал экзамены в суриковский институт - а это, между прочим, от Академии художеств заведение! И вот, сдав экзамены, но ещё не зная результатов, я вдруг понял, что без актёрства не проживу. Узнав, что в Щукинском училище есть постановочный факультет, где учат на театральных художников, отправился туда. А когда пришёл, оказалось, что в этом году приёма нет, но есть одно место на актёрский факультет, и я пошёл сдавать экзамены. И сдал. Только после этого поставил отца в известность. Он сказал: "А ну-ка, пойди сюда!" Набрал телефон своего друга юности Рубена Николаевича Симонова, художественного руководителя театра имени Вахтангова, и сказал: "Рубен, Васька говорит, что он поступил в твоё училище. Я тебя прошу, прослушай его. Если нет явных способностей - гони в шею!"

И вот с таким напутствием я явился в театр к Симонову. В его кабинете сидела комиссия из очень известных артистов. Меня стали гонять по русской поэзии, но, слава богу, я очень люблю её, помню много стихов. Потом сказали: "Свободен!" - и я пошёл. Дома отец встретил меня словами: "Рубен звонил - сказал, ты на правильном пути".

- Василий Борисович, за роль Шерлока Холмса королева Великобритании Елизавета Вторая пожаловала вам орден Британской империи. Расскажите об этом подробнее.

- Этот орден королева лично вручает только британским подданным и главам других государств, а все остальные получают его из рук посла. В день рождения королевы, в июне, во дворе британского посольства в Москве был дан огромный приём - с шатрами, роскошными столами, баром. Посол Энтони Брентон вручил мне орден, и когда поднесли микрофон, я сказал: "Боже, храни королеву и великое русское искусство!" А вообще в кино, кроме британских подданных, этим орденом награждены всего три человека - Стивен Спилберг, Элизабет Тейлор и ваш покорный слуга.

- Вы много лет профессиональной деятельности посвятили советской мультипликации. Вашим голосом говорят любимые герои: Карлсон, Крокодил Гена, Дядюшка Ау, Удав и другие. Что вам дала работа в "Союзмультфильме"?

- Я проработал шесть лет в "Союзмультфильме" как сценарист, режиссёр и актёр. Это было потрясающее время! У нас царила обстановка удивительного взаимопонимания. Эпоха счастья!

- Есть у вас какие-то творческие задумки, мечты?

- С этим нужно быть осторожнее, а то можно домечтаться до того, что ты принц Оранский и тебе пора всходить на трон в Нидерландах… Мечта полезна, когда она перерождается в замысел. И такие замыслы у меня, безусловно, есть, без них невозможно существовать. Но есть замыслы, которые не совпадают со временем, с обстоятельствами… Мой дед Николай Александрович Ливанов считал, что в мужчине главное - характер, потому что он даёт возможность преодолевать внешние обстоятельства. Но не всегда это преодоление приводит к результату, к осуществлению мечты. Вот, скажем, я написал сценарий, мечтал снять фильм о создании памятника Петру Великому на Сенатской площади. Это потрясающая история, но пока она не нашла своего воплощения, и это связано с целым рядом обстоятельств, прежде всего с финансированием, увы.

Мария ДОНСКАЯ

Моя семья, №26, 1 июля 2013 года

СЛОВА И ВЫРАЖЕНИЯ

короле́ва	여왕	шатёр	큰 천막
исполни́тель	실행자, 수행자	поэ́зия	시, 운문
награди́ть	상·훈장을 주다	вруча́ть	맡기다, 위임하다
о́рден	훈장, 훈패	пожа́ловать	주다, 호의를 보이다
заведе́ние	시설, 시설물, 관습	подро́бно	상세하게
актёрство	기만, 위장, 배우업	по́дданный	국민, 공민의
вели́кий	위대한	посо́л	대사
отнести́сь к чему	(사람, 사물에 대해) 어떤 태도를 취하다	поднести́	(상태, 현상 등을) 초래하다, 선물·대접하다
успе́шно	성공적으로	роско́шный	사치스러운, 호화로운
постано́вочный	연출·무대 효과가 있는	гоня́ть по чему	많은 질문을 하다
отпра́виться	떠나다, 출발하다	семиле́тка	7년제 학교, 7개년 계획
приём	응접, 접대, 환영	посвяти́ть себя́	바치다, 헌정 하다
ме́жду про́чим	그런데, 그중에서도	мультиплика́ция	동화촬영, 복합촬영
я́вный	분명한, 명백한	уда́в	보아(구렁이), 왕뱀
спосо́бность	능력	сценари́ст	시나리오 작가
напу́тствие	작별인사, 환송사	потряса́ющий	놀랄만한, 경이적인
кабине́т	사무실, 연구실	цари́ть	군림·지배하다
коми́ссия	위원회	обстано́вка	가구, 사정, 환경

Ше́рлок Холмс	셜록 홈즈
глава́ госуда́рства	국가 원수
ваш поко́рный слуга́	그렇게 하겠습니다(동의할 때)
худо́жественный руководи́тель теа́тра	극장의 예술 감독
гнать в ше́ю	목덜미를 잡고 끌어내다. 난폭하게 쫒아내다
Моско́вская худо́жественная шко́ла	모스크바 예술학교
поста́вить кого в изве́стность	(어느 사람에게) 알리다, 고하다, 통보하다
друг ю́ности	청년시절의 친구
всходи́ть на трон	왕위에 오르다
Сена́тская пло́щадь	상원 광장

ЗАДАНИЯ

Выполните тест

1. Василий Ливанов - это...

А) музыкант
Б) актер
В) художник

2. Ливанов не стал художником, потому что...

А) он не поступил в Суриковский институт
Б) у него не было таланта художника
В) он очень любил актерскую работу

3. Его отец был против актерской работы сына, потому что...

А) отец сам был известным актером
Б) не видел в сыне таланта
В) волновался о будущем сына

4. Ливанов за свою жизнь долго проработал...

А) в кино и в мультипликации
Б) в кино
В) в театре

5. Королева Великобритании Елизавета II назвала его...

А) лучшим актером
Б) лучшим Шерколом Холмсом
В) прекрасным человеком

6. Мечта полезна, когда она...

А) ведет к результату
Б) приносит счастье
В) ведет к богатству

Вопросы к тексту

А. Ответьте на вопросы.

1. Как называется статья?
2. В какой газете она вышла?
3. Когда была издана эта статья?
4. Как зовут автора статьи?
5. О чем говорится в статье?
6. Чем известен Василий Ливанов?
7. Как он стал актером?
8. Как отнесся отец Ливанова к тому, что его сын решил стать актером?
9. За что он получил награду из рук Королевы Елизаветы II?
10. Что актер говорит о мечте в жизни человека?

Б. Составьте письменный пересказ статьи. Выразите ваше отношение к проблеме.

В. Выполните перевод содержания статьи на корейский язык.

ПРАКТИКА

2) 행위가 완성되고 진행된 시간 표현

за + *что* (대격)

за	
	два часа
	неделю
	всю жизнь

- ❑ **За два дня** министры обсудили широкий круг вопросов, всязанных с международными проблемами.
- ❑ Крупнейшую **за последние 25 лет** забастовку провели в воскресенье работники нефтяных месторождений в Северном море.

3) 행위의 순간 혹은 기간 표현(1)

в *какое* **время / в** *какой* **день**

в настоящее время
в последнее время
в ближайшие дни

- ❑ **В дореволюционное время** в стране практически ежегодно проходили международные встречи-ярмарки.
- ❑ Новое правительство будет сформировано **в эти дни.**

в *какой* **период**	**в период** + *чего* (생격)
в период	восстановления строительства перехода

- ❑ Группировка, возникшая **в период** "холодной войны", сейчас вынуждена искать другие ориентиры.
- ❑ Встреча министров проходила **в сложный** для их стран **период.**

Упражнения

A. Переведите фразы на русский язык, используя следующие выражения.

за	в какое время/в какой день	в какой период/в период

1. 2년 동안 그는 책을 썼다.

2. 현재 이 프로그램은 매우 인기가 있다.

3. 이 날에는 회의가 없을 것이다.

4. 가까운 미래에 새로운 도서관이 개관될 것이다.

5. 전쟁기간 동안 그는 프로젝트 일을 많이 했다.

Б. Переведите следующие фразы на русский язык.

1. 모든 독창적인 것은 단순하다.

2. М. Калашников는 간단하지만 강력한 기계를 만들었다.

3. Калашников의 발명품은 빌게이츠의 Windows와 비교해볼 수 있다.

4. В. Ливанов는 유명한 러시아 배우이다.

5. 셜록 홈즈역을 통해 그는 여왕으로부터 상을 받았다.

15 Урок

Спорт

ПОЧИТАЕМ

СТАТЬЯ 1

Михаил Южный: «В России нет условий для занятий теннисом»

Титулованный российский теннисист 31-летний Михаил Южный в эксклюзивном интервью корреспонденту «Известий» Тимуру Ганееву проанализировал победу Энди Маррея на завершившемся Уимблдоне, рассказал о подготовке к заключительному турниру «Большого шлема».

- Вы показывали уверенную игру на Уимблдоне, но в четвертом круге уступили будущему победителю Энди Маррею. Удовлетворены своей игрой?

- Всегда есть какие-то нюансы, которые хотелось бы улучшить. Если говорить в целом, то я удовлетворен уровнем своей игры. В матче с англичанином я не смог приспособиться к его подаче.

- На этом Уимблдоне все российские теннисисты и теннисистки вылетели уже на ранних этапах турнира. Это случайность или тенденция?

- У каждого игрока свои личные проблемы. Тяжело говорить за других, когда ты стараешься концентрироваться на том, что происходит с тобой, а не с российским теннисом в целом.

- Как будете готовиться к заключительному турниру «Большого шлема» в сезоне — Открытому чемпионату США?

- В июле я сыграю два турнира на грунте и в начале августа полечу в США. Там нас ждут два обязательных турнира. Неделю до US

OPEN я посвящу тренировкам в Нью-Йорке.

- В 2006 и 2010 годах вы дошли до полуфинала US OPEN. Какой результат вас устроит в нынешнем году?

- Я стараюсь не загадывать такие вещи. В любом случае, если ты не выиграл турнир, то чувствуешь неудовлетвореннность. Как бы ты ни сыграл, всегда хочется большего. Для меня важнее, какой уровень игры я смогу показать. Результат уходит на второй план.

- Почему в нашей стране не появляются молодые таланты? Многие теннисисты и вовсе меняют гражданство...

- Всё очень просто. В России нет условий для занятий теннисом. У отечественных тренеров нет возможности работать на результат. В нашей стране очень дорого тренироваться. Поэтому игроки уезжают из страны и принимают другие гражданства. Наша федерация не делает ничего, чтобы помочь молодежи. Это очень печальный факт.

Тимур Ганеев

Известия, 9 июля 2013 года

СЛОВА И ВЫРАЖЕНИЯ

титуло́ванный	칭호를 가진	посвяти́ть себя́	바치다
эксклюзи́вный	독점적인	трениро́вка	훈련, 연습
корреспонде́нт	특파원	полуфина́л	준결승전
проанализи́ровать	분석하다	результа́т	결과
турни́р	시합, 경기	зага́дывать	추측하다
уве́ренный	확신하는, 자신 있는	неудовлетворённость	불만족
удовлетворён	만족한	тала́нт	재능
нюа́нс	뉘앙스, 미묘한 차이	меня́ть	바꾸다
матч	경기, 시합	гражда́нство	시민권, 시민
приспосо́биться	적응하다, 익숙해지다	концентри́роваться	(주의, 노력 등을) 집중하다
пода́ча	내주는 것, 서브	оте́чественный	조국의, 고국의
эта́п	단계	тренирова́ться	훈련하다
случа́йность	우연, 우연성	федера́ция спо́рта	스포츠 연맹
тенде́нция	경향	печа́льный	슬픈
усло́вие	조건, 약관	тре́нер	트레이너
заключи́тельный	최종의	возмо́жность	가능성
грунт	흙, 토양	теннеси́ст	테니스선수
обяза́тельный	의무적인, 강제적인	чемпиона́т	챔피언

если говори́ть в це́лом, то...	만일 전체적으로 말한다면, ~
вы́лететь=проигра́ть	지다
говори́ть за други́х	다른 사람들의 견해인 것처럼 말하다
в це́лом	전체적으로
турни́р "Большо́го шлема"	"그랜드 슬램" 대회
Уимблдо́н	윔블던
в ны́нешнем году́	금년에
Како́й результа́т вас устро́ит?	당신이 원하는 결과는 무엇입니까?
уходи́ть на второ́й план	덜 중요한 계획(일)으로 이동하다
принима́ть гражда́нство	시민권을 받다

ЗАДАНИЯ

Выполните тест

1. Михаил Южный - это...

А) известный российский теннисист
Б) известный футболист
В) популярный тренер

2. На Уимблдоне в этом году М. Южный...

А) выиграл
Б) проиграл
В) сыграл в ничью

3. Южный проиграл, потому что...

А) спортсмен не приспособился к подачам соперника
Б) соперник не приспособился к подачам
В) подачи соперника были ему знакомы

4. Российские теннисисты уезжают за границу, так как...

А) за границей они получают другое гражданство
Б) в России нет тренеров
В) федерация Росспорта не помогает им финансово

5. По мнению спортсмена, в России нет...

А) занятий теннисом
Б) условий для занятий теннисом
В) хороших теннисистов

6. Южный сыграет два турнира...

А) в июле
Б) за неделю до US OPEN
В) в начале августа

Вопросы к тексту

А. Ответьте на вопросы.

1. Как называется статья?
2. В какой газете она вышла?
3. Когда была издана эта статья?
4. Кто принимал интервью?
5. О чем говорится в статье?
6. С кем журналист вел разговор?
7. Чем занимается Михаил Южный?
8. О каком событии из жизни спортсмена говорится в тексте?
9. Что Южный рассказал о российском теннисе?
10. Какой вид спорта популярен в Корее и почему?

Б. Составьте письменный пересказ статьи. Выразите ваше отношение к проблеме.

В. Выполните перевод содержания статьи на корейский язык.

СТАТЬЯ 2

Талисман Сочи-2014: эксперты - за белого мишку, народ - за Деда Мороза

Сегодня вечером жители России выберут талисман зимних Олимпийских и Паралимпийских игр 2014 года из кандидатов, которые были представлены 7 февраля в прямом эфире Первого канала.

Всего в финале конкурса будут представлены 11 претендентов. Посмотреть на них вы можете в нашей фотогалерее.

Выбор талисмана будет настоящим шоу. Каждый претендент при помощи компьютерной графики получит возможность за три минуты рассказать о себе и выступить со зрелищным номером вместе с реальными звездами российского шоу-бизнеса, кино, культуры и спорта.

Каждый кандидат в талисманы будет наделен личным телефонным номером, на который можно будет позвонить или отправить SMS-сообщение. Кто соберет больше голосов, тот и станет талисманом Игр. Причем, по словам генерального директора Первого канала Константина Эрнста, не исключен вариант, что талисманов будет не два, а три. Это может произойти в том случае, если несколько претендентов получат примерно одинаковое количество голосов.

В шоу примут участие члены экспертного жюри по выборам талисмана Игр Константин Эрнст (председатель), Юрий Башмет, Игорь Бутман, Федор Бондарчук, Николай Дроздов, Татьяна Навка, Гор Нахапетян, Александр Попов, Виталий Смирнов, Олег Табаков,

Святослав Ушаков и другие. Также будут участвовать звезды российской эстрады - Алсу, Лев Лещенко, Наталья Варлей, Николай Цискаридзе, Дима Билан, Диана Гурцкая, Сергей Лазарев и другие.

У всех претендентов примерно равные шансы на победу, выделяется разве что Белый медведь, на которого ставит и чемпионка мира по волейболу Татьяна Кошелева.

- Мне понравился белый мишка. Очень добрый, по-настоящему наш талисман, такого не жалко купить как сувенир, - говорит Кошелева. Поддерживает Кошелева и биатлонистка, член сборной России Екатерина Юрлова.

- Мне нравится образ белого медведя, потому что он как нельзя лучше олицетворяет силу, мощь и надежность. Образ Белого мишки всем понятен: симпатичное, сильное животное. Думаю это удачный вариант для спортивного праздника, которым является зимняя Олимпиада, - считает Юрлова.

А вот президент Олимпийского комитета России (ОКР) Александр Жуков и глава оргкомитета «Сочи 2014» Дмитрий Чернышенко предпочитают держать в секрете свои предпочтения по талисманам Олимпийских и Паралимпийских игр в Сочи, чтобы накануне всенародного голосования не влиять на выбор россиян. Спортсмены же, напротив, свои симпатии не скрывают.

- Выбирать их будут люди, а не мы. Какой талисман больше понравится, тот и будет представлять Сочи. Если говорить о моем выборе, то там есть несколько симпатичных, но пока я еще конкретно не определился, - дипломатично сказал корреспонденту «Р-Спорт» Жуков.

- Я думаю, что все одиннадцать достойны того, чтобы стать талисманами Игр. Солнышко? Да, и Солнышко тоже, почему нет? - заявил президент «Сочи 2014».

Отметим, что многие эксперты считают, раз в 1980 году талисманом летней Олимпиады в Москве был бурый медведь, то белый медведь – отличный символ для зимних Игр. Однако, как показывают опросы общественного мнения, россияне с ними не согласны.

«Дед Мороз» в качестве талисмана Олимпийских игр-2014 в Сочи наиболее полно отражает культуру принимающей стороны. Такое мнение высказали 24% респондентов, сообщили «БалтИнфо». По данным ВЦИОМ, россияне меньше всего хотят видеть в качестве символа домашней Олимпиады «Льдинку-Снежинку» (24%), «Леопарда» (20%) и «Солнце» (15%).

Аарон Зюс

АиФ, 26 февраля 2011 года

СЛОВА И ВЫРАЖЕНИЯ

талисма́н	부적, 호신패	симпати́чный	매력 있는, 붙임성이 있는
кандида́т	후보자, 준회원	живо́тное	동물
предста́влен	제출된	вариа́нт	변형, 이형
претенде́нт	요구자, 경쟁자	оргкомите́т	조직위원회
зре́лищный	공연의, 상연의	симпа́тия	호의, 호감
реа́льный	실제의, 현실의	галере́я	화랑
наделён	부여받은	конкре́тно	구체적으로
произойти́	일어나다, 생기다	принима́ющий	용인하는
экспе́ртный	심사의, 감정의	отража́ть	반사·반영·반박하다
эстра́да	강단, 무대, 에스트라다 배우	диплома́ти́чно	외교 관계의, 외교 수완이 있는,
шанс	기회, 찬스	льди́нка	얼음 조각
ста́вить на кого	세우다, 임명하다	снежи́нка	눈송이
волейбо́л	농구	леопа́рд	표범
сувени́р	기념품	бу́рый медве́дь	브라운 베어(곰)
биатлони́ст	스키 사격 선수	бе́лый медве́дь	북극곰
олицетворя́ть	의인화하다, 구현·체현하다	скрыва́ть	숨기다, 감추다, 포함하다, 내포하다
си́ла	힘, 체력, 위력	по-настоя́щему	본격적으로, 실제로.
мощь	지배력, 통치력, 권력	отли́чный	차별있는, 다른, 훌륭한
надёжность	신빙성, 확실성, 신뢰	всенаро́дный	전 국민의

компью́терная гра́фика	컴퓨터 그래픽
звезда́ шоу-бизнеса	쇼-비즈니스 스타
SMS-сообще́ние	SMS-메시지
не исключён вари́ант, что...	~라는 가능성은 배제되지 않는다
приня́ть уча́стие	참가하다
ра́вные ша́нсы на побе́ду у кого	승리에 대한 동등한 기회들
сбо́рная кома́нда	국가 대표팀
как нельзя́ лучше	더 없이 좋다
держа́ть в секре́те	어떤 일을 비밀에 부쳐두다
опро́с обще́ственного мне́ния	설문조사하다

ЗАДАНИЯ

Выполните тест

1. 7 февраля россияне выбирали...

А) олимпийский талисман
Б) президента России
В) олимпийский город

2. Всего на конкурс было представлено...

А) 3 талисмана
Б) 7 талисманов
В) 11 талисманов

3. Если несколько талисманов наберут равные голоса, то...

А) оба талисмана будут победителями
Б) снова будут выборы
В) победителя определят по количеству смс

4. Белый медведь как талисман символизирует...

А) зимние виды спорта
Б) красоту и чистоту
В) доброту, силу, надежность

5. На Олимпиаде 1980 года в Москве талисманом был...

А) бурый медведь
Б) белый медведь
В) полярный медведь

6. Талисман будут выбирать...

А) звезды эстрады
Б) российские телезрители
В) популярные российские спортсмены

Вопросы к тексту

А. Ответьте на вопросы.

1. Как называется статья?
2. В какой газете она вышла?
3. Когда была издана эта статья?
4. Как зовут автора статьи?
5. О чем говорится в статье?
6. Когда и где будут проходить выборы талисмана Олимпиады 2014 года в Сочи?
7. Кто будет выбирать талисман?
8. Какие претенденты представлены на роль талисмана игр?
9. Почему многие выбрали в качестве талисмана белого медведя?
10. Какой талисман вам понравился больше и почему?

Б. Составьте письменный пересказ статьи. Выразите ваше отношение к проблеме.

В. Выполните перевод содержания статьи на корейский язык.

ПРАКТИКА

3) 행위의 순간 혹은 기간 표현(2)

в *какую* эпоху	в эпоху + *чего* (생격)
в эпоху	реакции прогресса Сталина

- **В современную эпоху** научно-технической революции человек начал осваивать космос.
- **В эпоху реакции** сложно было высказывать свои взгляды.

в *какие* годы	в год + *чего* (생격)
в год	встречи открытия принятия

- Большие запасы химического оружия, изготовленного **в годы войны**, обнаружены в районе бывших военных действий.
- **В последние годы** нет недостатка в символах российско-американского сотрудничества в самых различных областях.

в век + *чего* (생격)	
в век	социальных преобразований крупных научных открытий космических полётов

- **В век** бурного **развития** химии главная задача - сохранить природу.
- **В век** новых **технологий** существует опасность забыть о природе.

Упражнения

А. Переведите фразы на русский язык, используя следующие выражения.

в какую эпоху/в эпоху	в какие годы/в год	в век

1. 현대 시대에 인간은 적극적으로 우주를 인식하고 있다.

2. 소련 시대에 축구팀은 자주 선수권 대회에서 1등을 차지했었다.

3. 최근 러시아에서는 많은 좋은 선수들이 나타났다.

4. 올림픽 해에 많은 수의 외국인 관광객을 예상하고 있다.

5. 새로운 기술의 시대에 사람은 무엇이든 할 수 있다.

Б. Переведите следующие фразы на русский язык.

1. 유명한 테니스 선수는 트레이너와 러시아 테니스에 대해 말했다.

2. 그는 좋은 경기를 보여주었다.

3. 젊은 선수들은 해외에서 훈련한다.

4. 겨울 올림픽은 2014년 소치에서 진행될 것이다.

5. 올림픽 마스코트는 러시아의 모든 주민들이 적극적으로 선택했다.

16 Урок

Туризм

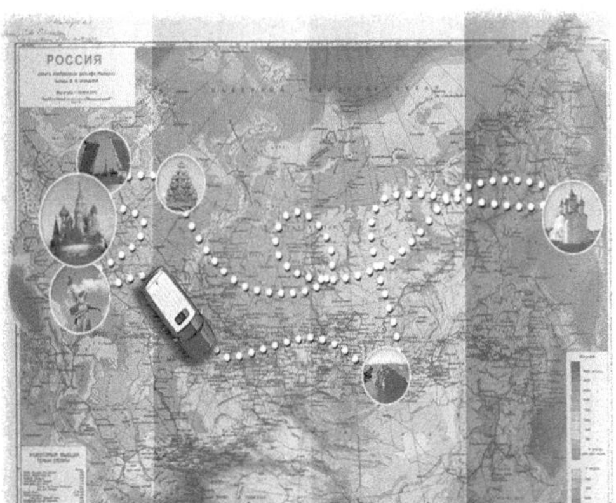

ПОЧИТАЕМ

СТАТЬЯ 1

Медицинский туризм в России. Пробовать ли?

Медицинский туризм - отрасль туристического бизнеса в России, которая в настоящее время находится лишь на стадии развития. Однако наблюдатели отмечают, что в последнее время большинство российских туристических компаний заинтересовались данной областью туризма, считая её перспективной. На самом деле, обширная территория России со множеством замечательных курортных зон представляет немало возможностей для отдыха и лечения не только её граждан, но и гостей из-за рубежа.

Отдохнуть и поправить здоровье на водах Кавказа русские дворяне приезжали ещё в 19 веке. Благоприятное воздействие климата Краснодарского края и предгорных районов Адыгеи на организм было оценено также ещё в царские времена. Дворяне приезжали в пансионаты на целые месяца, во время которых пили минеральную воду, купались в море, принимали другие процедуры или просто отдыхали, наслаждаясь горным воздухом.

Самые известные центры медицинского туризма в современной России - это здравницы Кисловодска, Пятигорска, Ессентуков и других городах Кавказских вод, где созданы все условия для отдыха и лечения. Замечательный горный воздух, минеральные источники, отличный сервис, квалифицированные медицинские работники – это медицинский туризм в России сегодня.

Очень многие люди, страдающие болезнями почек, едут подлечиться именно в Алтайский край. Замечательные пейзажи Алтайского края прекрасно дополняют оздоровительное действие горного воздуха и медицинских процедур в его санаториях. Здесь можно подлечить органы дыхания, зрение, опорно-двигательный аппарат, нервную систему, избавиться от кожных заболеваний.

Неплохой репутацией среди туристов пользуются санатории Урала, и это неудивительно, ведь уникальная и неповторимая красота уральских гор, множество озёр и рек этого края дают немало возможностей для организации отдыха и лечения. Здравницы, общее количество которых на Урале превышает 4 сотни, предлагают туристам прекрасный медицинский сервис.

Неким оттенком элитности сегодня наделены санатории и курорты Краснодарского края, здравницами Сочи, Анапы, Геленджика. Медицинский туризм в этой части России является довольно развитым и имеет богатую историю.

Здоровье, июнь 2012

СЛОВА И ВЫРАЖЕНИЯ

о́трасль	부문, 분과, 분야	здра́вница	휴양소, 요양소
наблюда́тель	관찰자	ко́жный	피부의
перспекти́вный	전망 있는, 유망한	неповтори́мый	비교할 수 없는
благоприя́тный	순조로운, 형편이 좋은, 찬성하는	отте́нок	그림자, 음영, 뉘앙스
мно́жество	다수, 군, 집합	куро́рт	요양지, 요양소
замеча́тельный	훌륭한, 뛰어난	не́рвная систе́ма	신경계
граждани́н	시민	эли́тность	엘리트 성향
Кавка́з	카프카즈	кли́мат	기후
дворяни́н	귀족	се́рвис	서비스
обши́рный	넓은, 광대한, 면적이 큰	квалифици́рованный	유능한, 능숙한
возде́йствие	영향, 감화, 작용	страда́ющий	병을 앓고 있는, 고생을 하는
предго́рный	산기슭 부분의 토지의	по́чка	신장
наслажда́ться	즐기다, 향락하다, 만족을 느끼다	подлечи́ться	조금 치료를 받다, 조금 나아지다
органи́зм	유기체, 신체, 체질	дополня́ть	보충·추가하다
пансиона́т	하숙집, 식사제공 숙박소	оздорови́тельный	건강에 좋은, 위생 설비 개선의
Адыге́я	아디게야 자치주	санато́рий	요양소

находи́ться на ста́дии разви́тия	발전의 단계에 있다
в после́днее вре́мя	최근에
на са́мом де́ле	실제로, 정말로
куро́ртная зо́на	요양소 지역
попра́вить здоро́вье	건강이 좋아지다
в ца́рские времена́	차르(황제) 시대
минера́льная вода́	미네랄 물, 광천수
принима́ть процеду́ры	수속, 절차를 하다
опо́рно-дви́гательный аппара́т	척추기관
о́рганы дыха́ния	호흡기관

ЗАДАНИЯ

Выполните тест

1. Медицинский туризм в России...

А) на стадии развития
Б) пользуется большой популярностью
В) не известен

2. Русские дворяне в 19 веке приезжали лечиться...

А) на моря юга России
Б) на воды Кавказа
В) в горы Кавказа

3. Известные центры медицинского туризма -...

А) клиники Центральной России
Б) больницы юга России
В) здравницы Пятигорска, Кисловодска, Ессентуков

4. Здравницы предлагают клиентам...

А) сервис и медобслуживание
Б) горный поход, купание в источниках
В) горный воздух, минеральные источники, сервис

5. Урал привлекает туристов...

А) красотой гор и озерами
Б) климатом и достопримечательностями
В) отличным сервисом

6. Элитный медицинский туризм предлагают клиники городов...

А) Алтай и Кисловодск
Б) Сочи, Анапа, Геленджик
В) Москва, Владивосток

Вопросы к тексту

А. Ответьте на вопросы.

1. Как называется статья?
2. В каком журнале она вышла?
3. Когда была издана эта статья?
4. О чем говорится в статье?
5. Что такое медицинский туризм?
6. Расскажите об истории медицинского туризма в России.
7. Куда в настоящее время приезжают туристы?
8. Что привлекает туристов?
9. Почему люди выбирают медицинский туризм?
10. Что вы думаете о медицинском туризме?

Б. Составьте письменный пересказ статьи. Выразите ваше отношение к проблеме.

В. Выполните перевод содержания статьи на корейский язык.

СТАТЬЯ 2

Золотое кольцо России: путешествие на автомобиле

Сергиев Посад

Ростов Великий

Ярославль

Путешествие по Золотому кольцу России – традиционный выбор тех, кто ограничен по времени отдыха или только осваивает туризм «за рулем». Вы сможете побывать в старинных и красивейших городах России, в каждом из которых сохранились памятники культуры Древней Руси. Золотое кольцо образуют восемь городов: Сергиев Посад, Переславль-Залесский, Ростов Великий, Ярославль, Кострома, Иваново, Суздаль и Владимир. Чтобы оценить достопримечательности каждого из них без суеты и спешки, понадобится примерно 14 дней. Стартовой точкой маршрута будет Москва.

Из Белокаменной едем в Сергиев Посад. Самой популярной достопримечательностью Сергиева Посада является Троице-Сергиева лавра – крупнейший православный мужской монастырь России. Стоит увидеть Черниговский храм, под которым помещается пещерная церковь, построенная в 1851 году.

От Сергиева Посада путь лежит ко второму городу Золотого кольца – Переславлю-Залесскому. Переславль-Залесский знаменит множеством соборов и монастырей (Спасо-Преображенский собор, а также Никитский, Свято-Троицкий Данилов).

Пользуется популярностью музей-усадьба «Ботик Петра I».

Интересно посмотреть знаменитый Синий камень, который лежит на берегу озера Плещеева. С этим огромным валуном связано много легенд.

А еще в Переславле-Залесском снимали 28 кинофильмов, наиболее известные из которых «Бумер», «Сирота казанская» и «Вор».

Держим путь дальше. Впереди город Ростов. Его часто называют Великим. И не путайте, пожалуйста, с Ростовом-на-Дону!

Экскурсии в Ростове Великом могут захватить вас на несколько дней, настолько богата история этого города. Поэтому придется выбирать наиболее интересное. Например, осмотр Ростовского кремля, где снималась комедия «Иван Васильевич меняет профессию». Обязательно посетите Сарское городище, где в XIII веке жил богатырь Алеша Попович. Очень популярен осмотр города с борта древнерусской ладьи со стороны озера Неро.

А теперь в Ярославль. В городе огромное количество православных монастырей и церквей. Наиболее популярна экскурсия в Спасо-Преображенский монастырь, известный тем, что на его территории был расположен штаб Минина и Пожарского. Другая гордость Ярославля - Васильевская башня, построенная в XVII веке. Полюбоваться фресками можно в церкви Ильи Пророка, а оценить коллекцию колоколов и колокольчиков - в частном музее «Музыка и время».

А впереди уже Кострома - тихий, спокойный и уютный город. Посетите в нем Ипатьевский монастырь, основанный в 1330 году, памятник собаке, терем Снегурочки, музей деревянного зодчества, музей льна и бересты. Автопутешественники советуют не только сфотографироваться рядом с памятником собаке, но и обязательно тронуть ее за нос. Считается, что это принесет удачу.

Иваново - небольшой городок. До города ткачих предстоит проехать

106 километров. В Иваново есть уникальный дом-корабль. Это необычное здание построили в 1930 году, и оно действительно похоже на морское судно. Иваново называют городом невест.

Теперь в Суздаль! В городе много храмов, выстроенных в свойственной именно Суздалю манере. Стоит побывать в Покровском и Спасо-Евфимиевом монастырях, а также в Суздальском кремле. Обязательно включите в свою культурную программу музей деревянного зодчества, где вы увидите церковь, дом зажиточного барина, дом бедного крестьянина и сельские домики.

Завершает путешествие по Золотому кольцу город Владимир. В XII веке при въезде во Владимир поставили Золотые ворота, которые сохранились до наших дней. Войти в город через них считается счастливой приметой.

У туристов во Владимире популярны Торговые ряды, Соборная площадь, Рождественский монастырь, Козлов вал и водонапорная башня, на вершине которой находится смотровая площадка. Осмотрите и центральный собор Владимира – Успенский. В нем сохранились иконы, написанные Андреем Рублевым. Что ж, путешествие по Золотому кольцу России подошло к завершению.

Максим Аверьянов
7 дней, июль 2013 года

СЛОВА И ВЫРАЖЕНИЯ

осва́ивать	습득하다	коме́дия	희극
стари́нный	옛날에, 옛적에	городи́ще	옛날의 도시
суета́	공허, 무가치, 허무한 것	богаты́рь	영웅서사시의 영웅
спе́шка	서둘러서	борт	가장자리, 옆, 측벽
пона́добиться	필요가 있다	древнеру́сская	고대러시아의
маршру́т	통행로, 운행노선	ладья́	작은 배
монасты́рь	수도원	штаб	참모, 본부
правосла́вный	정교의	фре́ска	벽화
помеща́ться	자리를 차지하다	колле́кция	수집, 콜렉션
пеще́рный	동굴의	ко́локол	종, 종모양의 기구
знамени́т чем	유명한, 저명한	колоко́льчик	작은 종
собо́р	사원	ую́тный	아늑한, 안락한
музе́й-уса́дьба	저택, 택지-박물관	те́рем	(고대러시아에서 고급 건축의) 위층
валу́н	크고 둥근 돌, 옥석	зо́дчество	건축술
леге́нда	성자전, 전설, 설화	лён	아마, 아마섬유, 아마천
пу́тать с кем	혼동하다	береста	자작나무의 껍질
захвати́ть кого	잡다, 정렴하다	тро́нуть за что	만지다
осмо́тр	구경, 견학, 관람	уника́льный	유일한, 휘귀한
снима́ться	사진을 찍다, 촬영되다	мане́ра	방법, 양식, 수단

за рулём	운전할 때
Дре́вняя Русь	고대 루시
ста́ртовая то́чка	출발점
Белока́менная=Москва́	모스크바
Путь лежи́т куда	길이 어디로 놓여있다(가다)
Вам придётся выбира́ть что	당신은 무엇을 선택해야만 한다
принести́ уда́чу	행운을 가져온다
счастли́вая приме́та	행복 징조
Торго́вый ряд	또르고브이 랴트(시장지역 이름)
водонапо́рная ба́шня	급수탑

ЗАДАНИЯ

Выполните тест

1. Золотое кольцо - это...

А) дорогое украшение
Б) популярная поп-группа, исполняющая народные песни
В) популярный туристический маршрут в России

2. Чтобы оценить весь маршрут вам потребуется...

А) 10 дней
Б) 2 недели
В) 4 дня

3. Все города объединяет возможность увидеть...

А) древние соборы, храмы, монастыри
Б) древние камни, памятники современной истории
В) места съемок кино

4. В Сергиевом-Посаде можно посетить...

А) озеро Плещеево
Б) Троице-Сергиеву лавру
В) храм, где находятся фрески руки Андрея Рублева

5. Городом невест называют...

А) Ярославль
Б) Кострому
В) Иваново

6. Знаменитый синий камень можно увидеть...

А) на озере в Переславле-Залесском
Б) в Ростове Великом
В) в Суздале

Вопросы к тексту

А. Ответьте на вопросы.

1. Как называется статья?
2. В каком журнале она вышла?
3. Когда была издана эта статья?
4. Как зовут автора статьи?
5. О чем говорится в статье?
6. Расскажите о маршруте "Золотое кольцо".
7. Какие города входят в этот маршрут?
8. Чем известны эти города?
9. Что общего у этих городов?
10. Какой вид туризма вы предпочитаете?

Б. Составьте письменный пересказ статьи. Выразите ваше отношение к проблеме.

В. Выполните перевод содержания статьи на корейский язык.

ПРАКТИКА

3) 행위의 순간 혹은 기간 표현(3)

на *какой* день / год
на следующий день **на октябрь** **на следующий год**

- **На третий день** визита высокий гость посетил Большой театр.
- Встреча президентов двух стран запланирована **на следующий год**.

4) 행위가 이루어지는 시간 구간(1)

во время + *чего* (생격)	
во время	празднования презентации открытия

- **В время отъезда** из столицы министр иностранных дел выразил уверенность, что его визит послужит дальнейшему укреплению двухсторонних отношений.
- **Во время открытия** здания библиотеки состоялась презентация новой книги известного писателя.

в ходе + *чего* (생격)	
в ходе	переговоров обсуждения конференци

- **В ходе** первого **раунда** переговоров делегации изложили свои точки зрения на структуру и содержание соглашения.
- **В ходе** денежной **реформы** изымаются из обращения старые бумажные деньги.

Упражнения

А. Переведите фразы на русский язык, используя следующие выражения.

на какой день/год	во время	в ходе

1. 그는 다음날 스페인에 도착할 것이다.

2. 올해 그는 큰 계획들이 있다.

3. 새로운 프로그램을 프레젠테이션하는 중에 책임자는 회사 직원들에게 감사해했다.

4. 계약 체결시 중요한 결정이 받아들여졌다.

5. 여행의 둘째 날 그는 바다로 갔다.

Б. Переведите следующие фразы на русский язык.

1. 의료 관광은 러시아에서 관광의 새로운 방향이다.

2. 러시아에는 훌륭한 휴양지와 요양소들이 많이 있다.

3. 관광 노선은 당신이 스스로 선택할 수 있다.

4. "황금고리"는 고대 러시아 도시를 따라 하는 멋진 여행이다.

5. 거기에서 당신은 사원, 교회, 수도원들을 볼 수 있다.

17 Урок

Стиль жизни

ПОЧИТАЕМ

СТАТЬЯ 1

Как правильно отмечать Троицу: что можно и что нельзя делать?

Один из главных христианских праздников празднуется через семь недель после Пасхи (в 50-ый день), в воскресенье. В нынешнем году это 23 июня. Отсюда его второе название - Пятидесятница. Согласно Новому Завету, в этот день Святой Дух сошел на учеников Христа. Они заговорили на всех известных языках и окрестили около 3000 человек. Так родилась христианская церковь.

В православных храмах в день Троицы служат литургию и великую вечерню. Накануне праздника храм моют и убирают. Священники одеваются в зеленые, белые или золотистые одежды. Иконы храма украшают березовыми ветками, а пол застилают свежескошенной травой.

В Троицу принято поминать умерших родственников. Накануне, в "родительскую субботу", следует посетить кладбище, навести там порядок и помянуть усопших. На службах священники читают молитвы об упокоении душ всех усопших. Молитвы читаются ими стоя на коленях.

Празднование Троицы, как и любого другого праздника, не обходится без праздничного стола. В четверг, перед Троицей, верующие начинают готовить блюда из яиц, молока, свежей зелени, домашней птицы и рыбы. Пекутся караваи, пироги, блины. Из напитков используются – кисель, вино, пиво, медовуха.

В Троицу с утра идут в церковь, а затем устраивают трапезу и гулянья в лесу, в поле, у реки. Скатерть для трапезы должна быть зеленой, как и весенняя природа. На праздничный обед приглашают близких людей и родственников.

Что нельзя делать в Троицу?

По народной традиции, нельзя заниматься никаким физическим трудом. Исключение - некоторая работа по домашнему хозяйству. Например кормление скота и птицы. Чистить и убирать - делать "грязную" работу нельзя.

Нельзя шить, стирать, резать, стричься, копать землю, сажать растения, косить траву, рубить деревья.

На Троицу нельзя купаться в течение трех дней в любом водоеме: реке, озере, море. Наши предки считали, что это время – время русалий, когда русалки могут заманить к себе на дно.

С Троицей связано немало примет и обычаев. Хорошей приметой было сватанье. Если на Троицу посватаются, а на Покров поженятся, значит, жизнь у супругов будет долгой, счастливой и в любви.

Дождь на Троицу – к урожаю, к грибам, к теплой погоде, без заморозков.

Игорь Дежнев,

Московский комсомолец, 23 июня 2013

СЛОВА И ВЫРАЖЕНИЯ

христиа́нский	기독교의	кла́дбище	묘지
Па́сха	부활절	коле́но	무릎
Пятидеся́тница	성령 강림절, 오순절	усо́пший	죽은 사람, 고인
Свято́й Дух	성령	упокое́ние души́	영혼의 휴식
сойти́ на кого	내려오다	карава́й	대형의 둥근 빵
заговори́ть	쉴 새 없이 이야기하다, 상대방의 말을 막다	кисе́ль	분말가루로 만드는 젤리 비슷한 음식물
застила́ть	깔아놓다, 펴놓다	медову́ха	밀주
окрести́ть	세례를 베풀다	тра́пеза	식사, 끼니
Тро́ица	삼위일체	гуля́нье	산보, 야유회
свежеско́шенный	금방 벤(풀들)	кормле́ние	급식, 양육
литурги́я	예배식, 성찬식	скот	가축
вече́рня	저녁 기도	стри́чься	머리를 깎다, 이발하다
мыть	씻다	стира́ть	세탁하다
свяще́нник	사제	коси́ть	풀을 베다
золоти́стый	금빛의, 황금빛의	руби́ть	자르다
ве́тка	나뭇가지	водоём	저장소, 저수지, 물탱크
дно	(우물, 강, 바다 등의) 바닥	руса́лка	고대 슬라브 전설의 숲과 물의 요정

в ны́нешнем году́	금년에
согла́сно Но́вому Заве́ту,...	신약성경에 따르면,
помина́ть уме́рших	고인을 추도하다
навести́ поря́док	정리하다
об упокое́нии душ всех усо́пших	모든 고인들의 영혼의 안식에 대해
не обходи́ться без чего	~없이 해결될 수 없다
дома́шнее хозя́йство	가정
На́ши пре́дки счита́ли, что...	우리 조상들은 ~이라고 생각했다
приме́ты и обы́чаи	징후와 풍습들
Дождь – к урожа́ю.	비가 온다면 추수 할 수 있다.

ЗАДАНИЯ

Выполните тест

1. В день Троицы ...

А) родилась христианская церковь
Б) родился Иисус Христос
С) умер Иисус Христос

2. В православных храмах в этот день...

А) служат литургию
Б) служат литургию и великую вечерню
В) идет празднование

3. Иконы украшают...

А) золотом
Б) ветками сосны
В) ветками березы

4. В Троицу принято...

А) поминать усопших
Б) вспоминать о друзьях
В) думать о родителях

5. Скатерть для трапезы в этот день должны быть...

А) синей
Б) зеленой
В) белой

6. В Троицу нельзя...

А) ходить на кладбище
Б) смотреть телевизор
В) работать

Вопросы к тексту

А. Ответьте на вопросы.

1. Как называется статья?
2. В какой газете она вышла?
3. Когда была издана эта статья?
4. Как зовут автора статьи?
5. О чем говорится в статье?
6. Что вы узнали о истории праздника Троица?
7. Как россияне отмечают этот праздник?
8. Какие традиции связаны с этим праздником?
9. О каких обычаях и приметах рассказывается в тексте?
10. Что вы знаете о православной культуре России?

Б. Составьте письменный пересказ статьи. Выразите ваше отношение к проблеме.

В. Выполните перевод содержания статьи на корейский язык.

СТАТЬЯ 2

Отдых на даче или каторга на огороде

Какие ассоциации у вас вызывает слово «дача»? Бесконечно длинные грядки, борьба с сорняком, ломота в спине? Тогда вам срочно нужно прочитать нашу статью и поменять радикально свое представление о даче. Итак, "Сайт про дачу" спешит помочь изменить ваш взгляд на загородный домик и отдых на даче.

Что является вашей главной целью на даче – отдых или работа?

Обычно, поездка на дачу происходит в выходной день. Как это выглядит? Встаем еще до восхода солнца, чтобы успеть на электричку. Тащим на вокзал огромные сумки со «всем необходимым». Приехав на нужную станцию, мы еще от электрички полчаса добираемся до дачи, таща на своем горбу баулы.

По прибытию – маленький отдых на 5 минут, чтобы перевести дыхание и переодеться, а затем, приняв позу «зю» – вперед на борьбу с бурьяном. Таким образом, мы зарабатываем себе остеохондроз и наносим ущерб своему здоровью, в частности, позвоночнику. Но все равно, превозмогая боль, мы продолжаем работать во имя урожая.

К концу дня мы просто валимся с ног и засыпаем мертвым сном – в этом и заключается отдых на даче. Но больная спина не дает нам выспаться, напоминая о себе при каждом перевороте с бока на бок. На следующий день, охая и ахая, мы просыпаемся и снова идем работать на грядку.

Возможно, мы изобразили все дольно утрированно, но, в принципе – картина близка к оригиналу.

Выходные же на то и даны человеку, чтобы он отдыхал. Если вы с понедельника по пятницу вкалываете на работе, а потом еще и в законные выходные пашете на даче, то тут не далеко до переутомления, истощения организма и больничного листа. В итоге, и дача потом без вас пропадет, и с работой не очень хорошо получится. Поэтому работа – работой, а отдых на даче – это святое.

Приступать к дачной «страде» нужно с утра и работать, пока солнце не встанет в зенит, безжалостно опаляя все своими лучами. Кстати, поливать тоже лучше до наступления солнечного пика. Когда солнце начнет припекать, сделайте перерыв и передохните. Если есть рядом водоем, то сходите, искупайтесь – смоете усталость и наберетесь сил. Сделайте себе отдых на час или два. Во всяком случае – не работайте на солнце, вы можете к тому же обгореть, особенно, если у вас бледная кожа. Не работайте на износ!

Если вы все же умудрились обгореть, то не стоит прибегать к лечению сметаной. Лучше заранее купить в аптеке хорошую мазь или крем от солнечных ожогов.

Обязательно сделайте зону отдыха на даче с гамаком, столиком, стульчиками, качелями и прочими атрибутами. Как только почувствуете, что устали – отправляйтесь туда, посидите в тенечке, почитайте книжку, попейте травяного чайку или кваску. Помните, что это вы хозяин дачи, а не наоборот! И на даче отдых должен быть приоритетнее, чем работа.

Повезло тем людям, для которых ковыряние в земле и возня с растениями является любимым делом и своего рода отдыхом. Но даже им не стоит сильно увлекаться огородом – организм не обманешь, ему тоже нужен отдых перед рабочей неделей. Вечером, часов после шести, можно начинать целиком и полностью лодырничать, наслаждаясь проделанной работой, красивым закатом и шашлычком.

Про дачу.ру, июль 2013

СЛОВА И ВЫРАЖЕНИЯ

ассоциа́ция	연합, 조합, 협회	оригина́л	원본, 원문
страда́	농번기 농사 일이 매우 바쁜 시기	вка́лывать где	찔러 끼우다, 열심히 많이 일하다
бесконе́чно	끝없이, 대단히, 극히	паха́ть	경작하다
ломота́	뼈(관절)의 아픔, 류머티즘	переутомле́ние	과로, 과도한 노동, 규정 외[초과] 근무
сорня́к	잡초, 잡풀, 김	истоще́ние	다써버림, 소모, 고갈
опаля́ть	표면을 태우다, 그슬리다	больни́чный лист	질병 증서
радика́льно	근본적으로, 기본적으로	свято́й	신성한, 순결한
за́городный	지방의, 교외의	уще́рб	손해, 손실
восхо́д	떠오르는 것, 일출	зени́т	절정, 정점
тащи́ть	끌어당기다, 뽑아내다	безжа́лостно	무자비한, 몰인정한
добира́ться до	도달, 도착하다	гря́дка	이랑, 장대, 막대기
прибы́тие	도착	пик	끝, 첨단, 산꼭대기
остеохондро́з	척추병	припека́ть	태양이 내리쬐다
позвоно́чник	등뼈, 척주	уста́лость	피곤, 피로
превозмога́ть	이기다, 극복 하다	набра́ться сил	힘을 얻다
прибега́ть	의지하다, 도움을 청하다	умудри́ться	~ 할 수 있다, ~ 한 적이 있다
изобрази́ть	묘출(묘사, 표현) 하다	переворо́т	대변동, 대홍수
утри́рованно	강하게 하다	изно́с	(의복 등)닳아서 해짐

успе́ть на электри́чку	기차를 타다
перевести́ дыха́ние	잠시 쉬다
приня́ть по́зу «зю»	불편한 자세를 취하다
вперёд на борьбу́ с чем	앞으로 ~와의 투쟁
в ча́стности	특히, 그중에서도
Карти́на близка́ к оригина́лу.	그림이 원본에 가깝다
рабо́тать во и́мя кого,чего	~의 이름으로 일하다
вали́ться с ног	매우 피곤하다
засыпа́ть мёртвым сном	죽은 사람처럼 자다, 아주 깊이 잠들다
о́хая и а́хая	매우 힘들게

ЗАДАНИЯ

Выполните тест

1. Статья рассказывает о...

А) отдыхе на даче
Б) даче
В) пользе дачи

2. Россияне обычно едут на дачу...

А) в рабочие дни
Б) каждый день
В) в выходные дни

3. Обычно на даче россияне...

А) работают в позе "зю"
Б) отдыхают
В) весело проводят время

4. Автор статьи советует, что на даче надо...

А) только отдыхать
Б) совмещать отдых и работу
В) много трудиться

5. Начинать работу на даче лучше...

А) вечером
Б) в полдень
В) пока солнце не встало в зенит

6. После работы на даче необходимы...

А) хороший отдых и шашлык
Б) хорошее лечение и питание
В) хороший сон

Вопросы к тексту

А. Ответьте на вопросы.

1. Как называется статья?
2. Где она вышла?
3. Когда была издана эта статья?
4. О чем говорится в статье?
5. Что обычно россияне делают на даче?
6. Почему россияне много работают на даче?
7. Что рекомендует автор статьи?
8. Как можно огранизовать работу на даче?
9. Как вы представляете себе жизнь в загородном доме?
10. Что, по вашему мнению, "дачная жизнь"? Аргументируйте ответ.

Б. Составьте письменный пересказ статьи. Выразите ваше отношение к проблеме.

В. Выполните перевод содержания статьи на корейский язык.

ПРАКТИКА

4) 행위가 이루어지는 시간 구간(2)

при + *чём* (전치격)	
при	переходе проведении исполнении

❑ 43 журналиста погибли в мире в 1990 году **при исполнении** своих обязанностей.

❑ **При переходе** к новым формам экономики возникают особые трудности.

5) 반복적인 행위 시간

каждый + *что* (대격)
каждый день, год **каждую минуту, среду** **каждые 5 минут**

❑ Согласно конституции выборы в парламент проходят **каждые 4 года**.

❑ **Каждый понедельник** газета публикует сводки несчастных случаев на дорогах города.

с годами / с каждым годом

❑ **С годами** меняемся не только мы, но и моды, традиции.

❑ **С каждым годом** растёт торговый оборот между двумя странами.

Упражнения

А. Переведите фразы на русский язык, используя следующие выражения.

при	каждый	с годами/с каждым годом

1. 새로운 시스템으로 전환할 때 복잡했었다.

2. 매일 그는 운동을 한다.

3. 수년에 걸쳐 그는 피곤 느꼈다.

4. 당번을 설 때 장교가 죽었다.

5. 매 여름마다 우리는 다차에 간다.

Б. Переведите следующие фразы на русский язык.

1. 많은 러시아인들은 일요일마다 교회에 간다.

2. 정교 문화는 러시아 사람들의 영혼에 깊이 숨겨져 있다.

3. 삼위일체는 정교회의 기본적인 축일들 하나이다.

4. 여름에 많은 러시아인들은 다차에 간다.

5. 다차는 일의 장소일뿐만 아니라 휴식의 장소이기도 하다.

18 Урок

Праздники

ПОЧИТАЕМ

СТАТЬЯ 1

Мужчины составили список «подарков-врагов» на 23 Февраля

День дезодоранта - так мужчины прозвали 23 Февраля. Женская фантазия в преддверии праздника иногда дремлет.

В шутку 23 Февраля называют «днём мужского дезодоранта». А 8 Марта - «днём мести за мужской дезодорант». Так вот, чтобы мужчины потом не «отыгрывались», не стоит дарить им гели для душа, пены для бритья, лосьоны и шампуни. В категорию «подарки для галочки» относят и алкогольные напитки, ручки и рамки для фотографий.

Если вы не жена, а коллега или подруга, то парфюм, ремень или дизайнерская рубашка тоже не подойдут. Такие вещи выбирает или супруга, или сам мужчина, опираясь на собственный вкус. Еще не стоит дарить галстуки, уверен шеф-редактор журнала Tatler Эдуард Дорожкин.

«Самый злой враг - это галстук. Галстуки, которые дарят на 23 Февраля, - дежурный подарок, который никто не носит. Такой подарок показывает, что вы относитесь к мужчине абсолютно формально», - считает Дорожкин.

Запонки, брелоки, фляжки, шейные платки, зажигалки - этим вы никого не удивите. Наверняка мужчина положит их в долгий ящик, чтобы потом передарить знакомым. Фитнес-карту, абонемент в бассейн, гантели можно расценить как намек на то, что пора привести себя в форму. Самыми нелепыми и изрядно поднадоевшими называют презенты с плоским юмором. Например, фартук цвета хаки «маскировка для мужа», галстук с долларами, набор холостяка.

Самыми желанными подарками мужчины считают, как бы банально это не показалось, - редкие издания книг, подборки любимых фильмов. Всегда востребована у мужчин и компьютерная «утварь», начиная от беспроводной мышки, заканчивая флешкой, считает стилист Влад Лисовец.

«Всегда можно обратить внимание, что не хватает именно этому мужчине, которому вы хотите сделать подарок. Приобрести вещь, которая будет полезна. В моем случае - это техника, электроника», - намекает стилист.

Хороший подарок - это билет на концерт любимой группы или футбольный матч, если мужчина болельщик, уверен Эдуард Дорожкин.

«На какое-то театральное или концертное событие, на спортивное состязание - это значительно большее попадание в цель, чем дежурные запонки», - заверяет Дорожкин.

А самым приятным подарком сильный пол называет романтический ужин при свечах с любимой. После такого поздравления на 8 Марта женщина может рассчитывать на нечто большее, чем дезодорант с ароматом сирени.

Ольга Подолян, Вести, 22 февраля 2012 года

СЛОВА И ВЫРАЖЕНИЯ

дезодора́нт	탈취제	абсолю́тно	전적으로
прозва́ть	이름을 붙이다(짓다), 명명하다	форма́льно	명목상, 공식적으로, 형식적으로
фанта́зия	공상	за́понки	칼라, 소매의 단추
дрема́ть	졸다, 빈둥거리다	брело́к	장신구, 장식품
отыгра́ться	패배를 만회하다	фля́жка	병, 플라스크
гель для ду́ша	샤워 젤	ше́йный плато́к	목도리
лосьо́ны	화장수, 로션	зажига́лка	라이터, 점등기
со́бственный	자기의, 자신의, 본래의	наверняка́	확실히, 틀림없이, 반드시
катего́рия	종류, 부류	абонеме́нт	예약, 예약권, 이용권
относи́ть	가지고 가다, 포함시키다	передари́ть	(많이·서서히 모든 것을) 증여하다
парфю́м	향수	гантéль	아령
ремéнь	혁대, 벨트	нелéпый	불합리한, 어리석은
дизáйнерский	디자이너의	изря́дно	(수. 양이) 꽤 많은
подойти́	다가오다, 처리하다	поднадое́вший	싫증이 난
супру́га	부인, 처	презе́нт	선물, 예물, 기증품
пе́на для бритья	면도 거품	маскиро́вка	마네킹
вкус	맛, 취향	холостя́к	미혼자
га́лстук	넥타이	бана́льно	평범한, 진부한
реда́ктор	편집자, 편찬자	заверя́ть	단언·보증·증명 하다

в преддве́рии пра́здника	축제 전에
называ́ть в шу́тку	농담을 하다
не сто́ит дари́ть кому	선물할 가치가 없다, 선물할 필요 없다
для га́лочки	형식적인
дежу́рный пода́рок	형식적인 선물
положи́ть в до́лгий я́щик	오랫동안 방치하다
расцени́ть как намёк	암시로 해석하다
пло́ский ю́мор	진부한 유머
цвет ха́ки	카키색
подбо́рка (фи́льмов)	세트, 선집, 전집 (영화)

ЗАДАНИЯ

Выполните тест

1. Мужчины называют 23 февраля...

А) днем воина
Б) днем дезодоранта
В) днем мести

2. Гель для душа, пена для бритья, лосьон и шампунь -...

А) долгожданные подарки
Б) любимые подарки в этот день
В) ненавистные подарки для мужчин

3. Парфюм, ремень, рубашку может подарить...

А) только жена или любимая
Б) коллеги
В) друзья

4. Галстук - это...

А) хороший подарок
Б) злой враг
В) добрый друг

5. "Подарки для галочки" - это...

А) фартук цвета хаки
Б) диск, книга
В) алкоголь, фоторамки, ручки

6. Любимый подарок для мужчин - это...

А) любимые фильмы, билет на матч
Б) галстуки и фартуки
В) вино и пиво

Вопросы к тексту

А. Ответьте на вопросы.

1. Как называется статья?
2. Где она вышла?
3. Когда была издана эта статья?
4. Как зовут автора статьи?
5. О каком празднике говорится в статье?
6. Что вы знаете о празднике 23 февраля?
7. Что принято делать в этот день?
8. Почему мужчина называют этот день "днем дезодоранта"?
9. Что автор статьи пишет о подарках?
10. Расскажите о корейских праздниках. Что принято делать дарить в этот день?

Б. Составьте письменный пересказ статьи. Выразите ваше отношение к проблеме.

В. Выполните перевод содержания статьи на корейский язык.

СТАТЬЯ 2

Как известные россияне встречали Новый год

Известные исторические личности, отмечая Новый год и Рождество, получали не меньше удовольствия, чем простые обыватели.

Цари, как водится, гуляли по-царски. Например, великий князь Иоанн III Новый год признавал праздником только для себя, а не для сограждан. В 1492 г. он повелел считать началом церковного и гражданского года 1 сентября и в этот день приказал платить дань. Зато Пётр I праздники уважал. После боя колоколов в Успенском соборе он поздравлял всех с Новым годом, дарил по яблоку, а затем запускал в небо шутиху. Екатерина II встречала Новый год в окружении придворных на маскараде, который 31 декабря устраивался в Зимнем дворце. Николай I на главной царской ёлке в Царском Селе и в Гатчине самолично надевал костюм Деда Мороза и поздравлял своих подданных.

В писательской среде к торжеству подходили более творчески. Лев Толстой, несмотря на любовь к аскетизму, зимние праздники любил, более того, в семействе Толстых были свои новогодние традиции. Накануне Рождества к ним в дом всегда приезжал священник из приходской церкви, совершал службу в зале. А потом устраивали ёлку. Когда уже у самого Льва Толстого появилась семья, подготовку к этим праздникам начинали заранее. Жена Льва Николаевича, Софья Андреевна, собирала лоскутки, скорлупу грецких орехов и с детьми делала игрушки на ёлку.

Покупались голенькие куколки, их одевали ангелочками, военными, зайчиками. Лев Николаевич всегда любил наблюдать за этими приготовлениями. В канун Рождества в зале ставили ёлку. Но детей туда не пускали. Только после службы двери распахивались и к ёлке приглашались яснополянские детишки - в том числе и из семей дворовых, прислуживавших графу. Каждый из них получал в этот вечер по подарку. А потом устраивался карнавал. Показывали спектакли, все, включая Льва Николаевича, переодевались в костюмы. А под Новый год семья Толстых собиралась у накрытого стола и ждала, когда старинные часы пробьют полночь. Как только звучал 12-й удар, все поднимали фужеры с шампанским и поздравляли друг друга с Новым годом.

Фёдор Достоевский хоть и был игрок и кутила, но Новый год порой предпочитал отмечать по старинке с роднёй. Вот как описывает младший брат писателя Андрей Достоевский в своих воспоминаниях 31 декабря 1864 года, проведённое в семье их сестры Александры Достоевской-Голеновской: «На другой день было 31 декабря. Мы были у Голеновских и утром, были и вечером, где встречали Новый год... Брат Фёдор был в отличнейшем расположении духа так же, как и все присутствующие, и мы возвратились домой далеко за полночь, как и подобало при встрече Нового года».

Современные зезды театра и кино так говорят о том, что значит для них этот празник.

Сергей Гармаш, актёр:

- Для меня Новый год - аромат сосны. На Новый год мы всегда ставили дома не ёлку, а именно сосну! Запах сосновой хвои не выветривается из тебя всю оставшуюся жизнь. Для меня вообще существуют только два праздника - 9 Мая и Новый год. Это день, когда праздником, счастьем в воздухе пахнет! Но в один год эту ёлку-сосну

почему-то не успели купить заранее. До сих пор помню то ожидание - успеет папа или нет? Внутри словно пружина, стянутая до предела: ведь без ёлки уже будет не Новый год! И когда папа внёс её в дом за несколько часов до боя курантов... Мы носились по комнате, наряжая её. И счастье от того, что всё-таки успели, было абсолютным.

Олег Табаков, худрук МХТ им. Чехова:

- Новый год для меня - запах мандаринов. Во время войны эту роскошь - мандарин - я получил лишь единожды. Когда отец, оказавшийся с частями Советской армии на Кавказе, через старшину переслал нам мешок еды. Но самое главное для маленького человека - это любовь к нему матери, отца, бабушки. Я до сих пор живу, защищённый любовью бабушек. Больше никто на свете меня ТАК не любил.

Валентина Оберемко

АИФ, 28 декабря 2011 года

СЛОВА И ВЫРАЖЕНИЯ

удово́льствие	만족, 즐거움	скорлупа́	껍데기, 껍질, 외피
обыва́тель	평범한 사람	согра́ждане	시민
лоску́т	비교적 큰 조각 (직물, 종이, 가죽 등의)	фуже́р	(다리가 달린)술잔, 포도주잔
распа́хивать	개간하다, 활짝 열어놓다	повеле́ть	명령하다
гре́цкий оре́х	호두	дворо́вый	저택의, 마당의
шути́ха	불꽃	граф	백작
придво́рный	궁중의	карнава́л	카니발, 사육제
маскара́д	가면무도회	переодева́ться	옷을 갈아입다
устра́иваться	정리되다, 자리를 잡다	дань	공물
самоли́чно	본인이	кути́ла	방탕아, 난봉꾼, 탕자
по́дданный	국민	поро́й	때때로, 가끔
торжество́	승리, 경축(기념)행사	родня́	친척의
дань	공물, 조세	арома́т	향기, 방향, 향료
аскети́зм	금욕주의	хво́я	침엽수의
выве́триваться	바람에 날려 없어지다, (빛·색 따위가)희미해지다, 사라지다	пружи́на	용수철, 스프링, 주요 동기
свяще́нник	사제	накану́не	전야에, 전일에
приходско́й	교구의	кура́нты	음악시계
старшина́	책임자, 장	еди́ножды	한 번, 일회, 한 차례

как во́дится	평소와 다름없이, 언제나처럼
бой колоколо́в	종소리
пра́здновать в окруже́нии кого	주변에서 축하해주다
писа́тельская среда́	작가 사회
по стари́нке	예전처럼
быть в расположе́нии ду́ха	~한 느낌을 받다
как и подоба́ло	보통처럼, 여느 때처럼
Часы́ пробью́т полночь.	한 밤중에 시계가 울리다
в кану́н Рождества́	성탄절 이브에
гуля́ть по-ца́рски	성대하게 축하하다

ЗАДАНИЯ

Выполните тест

1. Иван Грозный отмечал Новый год...

А) 1 сентября
Б) 1 января
С) 1 марта

2. Екатерина II устраивала на Новый год...

А) театр
Б) маскарад
В) танцы

3. Л.Н. Толстой любил отмечать Новый год...

А) в кругу семьи
Б) с друзьями
В) с крестьянами

4. Ф.М. Достоевский любил в этот день...

А) посидеть с семьей
Б) много потанцевать
В) хорошо погулять

5. Для Сергея Гамаша Новый год ассоциируется с...

А) ароматом апельсинов
Б) запахом сосны
В) подарками

6. Олег Табаков считает символом Нового года...

А) подарки
Б) елку
В) мандарины

Вопросы к тексту

А. Ответьте на вопросы.

1. Как называется статья?
2. В какой газете она вышла?
3. Когда была издана эта статья?
4. Как зовут автора статьи?
5. О чем говорится в статье?
6. Как в России отмечают Новый год?
7. Расскажите, как этот праздник отмечали цари.
8. Как Л.Н. Толстой праздновал Новый год?
9. С чем ассоциируется Новый год у современных звезд?
10. Расскажите о том, как в Корее отмечают Новый год. Какой праздник вы больше всего любите?

Б. Составьте письменный пересказ статьи. Выразите ваше отношение к проблеме.

В. Выполните перевод содержания статьи на корейский язык.

ПРАКТИКА

☆ 단문에서 후행되는 시간 표현들(1)

после + *чего* (생격)	
после	визита переговоров войны

❑ Страна впервые **после** второй мировой **войны** получит право направлять за рубеж свои вооружённые силы.

❑ **После трёх десятилетий** эмиграции вернётся на родину президент оппозиционной партии.

с + *чего* (생격)	
с	сегодняшнего дня будущей недели этого года

❑ По условиям подписанного соглашения **с января** будущего года группы студентов получат возможность стажироваться в американских научных центрах.

❑ **С момента получения** независимости в 1962 году страна живёт в условиях чередования у власти вдух основных партий.

через + *что* (대격)	**после** + *чего* (생격)
через два года после войны **через месяц после войны** **через год после подписания**	

❑ Уже **через два дня после подписания** соглашения о перемирии ситуация стала ясной.

❑ Это правительство менее чем **через год после прихода** к власти утратило доверие в нижней палате.

Упражнения

А. Переведите фразы на русский язык, используя следующие выражения.

после	с	через - после

1. 전쟁 후 그는 조국으로 돌아왔다.

2. 나는 지난주부터 학업을 시작했다.

3. 2년이 지나 전쟁 후 아버지는 집으로 돌아왔다.

4. 휴일 후 그녀는 피곤함을 느꼈다.

5. 다음 주부터 시험 준비가 시작될 것이다.

Б. Переведите следующие фразы на русский язык.

1. 새해는 러시아인들이 좋아하는 축일이다.

2. 산타클로스와 눈사람, 감귤의 향기와 신년 트리는 새해의 상징이다.

3. 2월 23일은 러시아 군인의 날이며 모든 남자들의 축일이다.

4. 3월 8일은 러시아에서 여자들이 좋아하는 축일이다.

5. 그는 여성의 날 선물에 대해 오랫동안 생각했다.

19 Урок

Россия и россияне

ПОЧИТАЕМ

СТАТЬЯ 1

Уметь выразить себя по-русски

В канун дня рождения Пушкина председатель Госдумы Сергей Нарышкин собрал за круглым столом специалистов, писателей, депутатов, чтобы обсудить состояние современного русского языка, проблемы его развития и законодательного обеспечения.

Сергей НАРЫШКИН, председатель Госдумы РФ:

– *В интернет-пространстве пренебрежение к грамотности стало нормой. Даже попытки ограничить в публичной сфере использование нецензурной речи вызывает со стороны, во всяком случае, отдельных лиц, бурную реакцию. Отечественные традиции строгого отношения к чистоте родной речи ослабевают, и мы это видим на примере того, как меняются правила корректуры. В некоторых книжных издательствах об этом просто забывают.*

Эльвира КРАВЧЕНКО, учитель русского языка и литературы московской средней общеобразовательной школы № 578:

– *Сейчас мало кто пишет на бумаге, всё набираем на компьютере. Предложение из Тургенева он почти наверняка подчеркнёт зелёным. В программе не заложена структура модели русского предложения. И постепенно приходим к тому, что используем куцый язык, а за этим следует куцее мышление. Вот где опасность.*

Татьяна УСТИНОВА, писатель:

– Человек не будет грамотным, если не будет читать глазами. Опять же неважно, с какого носителя: с планшета или живой книжки. Но чтение как процесс должно внедряться в сознание детей начиная с трёхлетнего возраста, как пошли в детский сад. Должны быть специальные вспомогательные программы, если родители не знают, как учить детей читать, вырабатывать привычку к чтению.

Андрей ДЕМЕНТЬЕВ, поэт:

– Предстоит огромная работа, чтобы сохранять, поднимать великий русский язык. Меня огорчает, что в школах, некоторых институтах и университетах сокращаются часы русского языка и литературы. А ведь русский язык идёт из таких глубинных народных недр, что даже трудно иногда проследить, откуда появилось то или другое слово.

Вячеслав НИКОНОВ, председатель Комитета Госдумы РФ по образованию:

– Сейчас за пределами России живёт больше людей, которые говорят по-русски. Существует огромный русский мир, взаимодействием с которым занимается фонд «Русский мир», открывший 92 центра на планете, более 120 кабинетов. Но за последние 20 лет количество людей, говорящих по-русски на планете, по моим оценкам, сократилось на 50 миллионов человек. Это серьёзный исторический вызов. Значит, мы должны укреплять позиции и в международном масштабе, и внутри страны.

Литературная газета, 26 июня 2013 года

СЛОВА И ВЫРАЖЕНИЯ

председа́тель	의장, 회장, 장	носи́тель	착용자, 사용자
Госду́ма	국가 두마	законода́тельный	입법의
обсуди́ть	논의·심의하다	внедря́ться	뿌리박다, 정착하다
планше́т	평판	созна́ние	의식, 지각
обеспече́ние	보장, 보증, 공급	вспомога́тельный	보조의, 예비용의
пренебреже́ние	경시, 멸시, 무시	привы́чка	습관, 습성
гра́мотность	읽고 쓰는 능력, 교양	глуби́нный	깊은, 먼
нецензу́рный	검열에 통과될 수 없는, 난폭한	гра́мотный	학식(교양)이 있는, 능숙한
бу́рный	격렬한, 맹렬한	кабине́т	사무실, 연구실
реа́кция	반응, 반향	фонд	기본금, 자금
ослабева́ть	약해지다, 느슨해지다	плане́та	행성, 지구, 운명
корректу́ра	교정, 교정쇄	сократи́ться	축소·감소되다
изда́тельство	출판사	вы́зов	호출, 소집
наверняка́	확실히, 틀림없이	серьёзный	진지한, 신중한
заложи́ть	토대·기초를 만들다	укрепля́ть	견고화·강화하다
масшта́б	척도계기, 축척(지도 등의), 표준, 규범	проследи́ть	추적하여 찾아내다, 조사, 연구하다
ку́цый	짧은 무족한	пози́ция	위치, 장소
мышле́ние	사고력	огро́мный	거대한
не́дра	땅 속, 내부, 안	структу́ра	구조

стать но́рмой	기준·규범이 되다
во вся́ком слу́чае	모든 경우들에서
ви́деть на приме́ре	예에서 보다(알다)
набира́ть на компью́тере	컴퓨터에서 작업을 하다
идти́ из недр	깊은 곳에서 나오다
за преде́лами Росси́и	러시아의 해외로
по мои́м оце́нкам	나의 평가에 의하면
зна́чит, что...	즉, 바꿔 말하면,
за после́дние 20 лет	최근 20년 동안

ЗАДАНИЯ

Выполните тест

1.На собрании круглого стола обсуждали...

А) состояние русского языка
Б) программу по русскому языку
В) день рождения А.С.Пушкина

2. Язык интернета...

А) литературный
Б) безграмотный
В) безошибочный

3. Российские школьники стали писать...

А) грамотно и красиво
Б) хорошие длинные тексты
В) короткими простыми предложениями

4. Россияне перестали читать...

А) живые бумажные книги
Б) новые книги
В) современные книги

5. Фонд "Русский мир" занимается...

А) изучением русского общества
Б) поддержкой русского языка
В) преподаванием русского языка

6. В российских университетах и школах количество занятий русского языка...

А) не изменилось в сравнении с прошлым
Б) быстро растет
В) сокращается

Вопросы к тексту

А. Ответьте на вопросы.

1. Как называется статья?
2. В какой газете она вышла?
3. Когда была издана эта статья?
4. Как зовут автора статьи?
5. О чем говорится в статье?
6. Когда было собрание Круглого стола?
7. Какую тему обсуждали члены Круглого стола?
8. Какая ситуация с русским языком наблюдается в России?
9. Какие негативные процессы вы можете назвать?
10. Расскажите о ситуации, которая сложилась в вашей стране с изучением русского языка.

Б. Составьте письменный пересказ статьи. Выразите ваше отношение к проблеме.

В. Выполните перевод содержания статьи на корейский язык.

СТАТЬЯ 2

Страна неулыбчивых

Проблемы с имиджем России в мире признаны и обсуждаются на самом высоком уровне. Но чтобы улучшать этот имидж не старыми методами ковровой пропаганды, а сознательно, важно понимать, чем и почему он так плох. Кое в чем разобраться позволяет исследование социологической компании GMI, опросившей почти 26 тыс. респондентов в 36 странах мира, чтобы узнать, какие страны кажутся им привлекательными, а какие нет.

Тройку стран с наилучшей репутацией составили Великобритания, Германияи Италия. В десятке лидеров лишь две неевропейские страны - Канада и Япония. США и Австралия занимают 11-ю и 12-юпозиции. Россия на 20-месте, сразу после Китая. А наименее привлекательной страной оказался Израиль.

Место каждой страны оценивалось по нескольким параметрам - уровень госуправления, культурный и туристический потенциал, привлекательность страны как места работы и учебы. Затем позиции по разным параметрам сводились в общий рейтинг.

Крайне низкие оценки Россия получила за госуправление - за рубежом наш госаппарат считается исключительно неэффективным, безответственным и равнодушным к правам человека. На нас самих, граждан России, из-за границы смотрят без особой симпатии. По уровню доброжелательности к иностранцам россияне заняли предпоследнее место(лидируют по этому показателю испанцы, канадцы и австралийцы). Это и понятно - в России совершенно отсутствует культура того, что на Западе называют being friendly. Жить и работать в России мало кто желает(32-е место из 36 возможных), с получением образования ситуация несколько лучше(19-е место). Все это определило сравнительно низкую туристическую привлекательность - среди стран, которые опрошенные желали бы посетить, Россия оказалась на 24-м месте.

Россия, скорее всего, оказалась бы на одном из последних мест общего рейтинга - рядом с Турцией, Египтом, Индонезией и Эстонией, - если бы не культура и спорт. В списке стран с наибольшими спортивными достижениями Россия занимает 4-е место. 8-9-ю позиции ей дают, когда речь заходит о культурном наследии и исторических достопримечательностях. Хотя современный уровень культуры оценивается куда скромней - на уровне 16-го места.

Сконцентрированность "позитива" в прошлом характерна и для взгляда россиянина на свою страну. "У половины респондентов с прошлым страны не связано никаких негативных ассоциаций, тогда как в настоящем поводов для стыда не смогли(или не захотели) назвать только 25% опрошенных", – отмечают эксперты фонда "Общественное мнение".

Исследование Чикагского университета, посвященное отношению граждан различных государств к собственной стране, продемонстрировало, что россияне стали больше гордиться Россией, но, когда речь заходит о конкретных достижениях, они испытывают трудности. По уровню общей национальной гордости в 2004 году россияне стоялина 11-м месте из 18, поднявшись на 4 позиции с 1996 года. Но при оценке "специализированной гордости", которая подразумевает оценку конкретных культурных, экономических и политических достижений, россияне, наоборот, ухудшили свои показатели.

Коммерсантъ, 28 окрятбря 2011 года

ПРАКТИКА

и́мидж	이미지	доброжела́тельность	호감, 호의
призна́ть	인정하다	горди́ться	자랑하다, 긍지를 가지다
социологи́ческий	사회학의	привлека́тельный	마음을 끄는
созна́тельно	의식적으로	отсу́тствовать	부재하다
лиди́ровать	(경기에서)리드하다	достиже́ние	성취, 달성, 도달
репута́ция	평판, 명성	насле́дие	유산
оказа́ться	~로 인정되다, 확인되다	продемонстри́ровать	자기를 교묘히 설명하다
пара́метр	매개변수	позити́в	실제의, 긍정의
госуправле́ние	국가행정	сравни́тельно	비교적으로
потенциа́л	잠재성, 가능성	негати́вный	부정의, 부인의
ассоциа́ция	연합, 조합, 협회	привлека́тельность	끄는 힘, 매력
пози́ция	위치, 태도, 견지	по́вод	동기, 원인, 이유
своди́ться	~으로 되다	стыд	부끄러움, 수치
ре́йтинг	등급, 수준	экспе́рт	심사관, 전문가
госаппара́т	국가기관, 기구	со́бственный	자기의, 본래의
исключи́тельно	예외적으로, 특별히	скро́мный	겸손한, 검소한
предпосле́дний	끝에서 두 번째의	безотве́тственный	무책임한
равноду́шный	냉담한, 냉정한	подразумева́ть	의미·암시하다

обсужда́ться на высоком у́ровне	고위층(최고의 수준)에서 논의하다
ме́тоды ковро́вой пропага́нды	소련 홍보 방법들(소련과 관련된)
Тро́йку стран соста́вили...	3개의 국가가 ~이 되었다.
оце́ниваться по пара́метрам	변수에 따라 평가하다
кра́йне ни́зкий	매우 낮은
права́ челове́ка	사람의 권리
Ма́ло кто жела́ет рабо́тать.	매우 적은 사람들이 일하고 싶어한다.
Речь захо́дит о ком, чём	~에 대해 말하기 시작하다
оказа́ться на (каком) ме́сте	~한 지위(위치)에 있다

ЗАДАНИЯ

Выполните тест

1. В тексте говорится о...

А) моде в России
Б) о русской культуре
В) проблеме имиджа России

2. В рейтинге Россия заняла...

А) последнее место
Б) 20 место
В) первое место

3. Место в рейтинге оценивали по...

А) уровню госупраления, культуры
Б) экономическим показателям
В) правовой системе

4. Россиян можно назвать...

А) неулыбчивыми
Б) приветливыми
В) щедрыми

5. Анализ отношения россиян к собственной стране показал, что...

А) россияне помнят прошлое
Б) не любят историю
В) россияне гордятся своей страной

6. Современный уровень культуры оценивается...

А) высоко
Б) скромно
В) низко

Вопросы к тексту

А. Ответьте на вопросы.

1. Как называется статья?
2. В какой газете она вышла?
3. Когда была издана эта статья?
4. О чем говорится в статье?
5. Почему Россию называют страной неулыбчивых?
6. Кто проводил рейтинг?
7. По каким критериям проводили исследование?
8. Что вы узнали о России?
9. Что вы можете сказать о русском национальном характере?
10. Как вы думаете, какой имидж у России?

Б. Составьте письменный пересказ статьи. Выразите ваше отношение к проблеме.

В. Выполните перевод содержания статьи на корейский язык.

ПРАКТИКА

☆ 단문에서 후행되는 시간 표현들(2)

с + *чем* (조격)	
с	началом завершением изменением

❑ **С подписанием** Декларации о ненападении отношения военного противостояния в Европе станут фактом истории.

❑ **С развитием** средств связи изменились все стороны жизни.

по + *чём* (전치격)	
по	окончании завершении приезде

❑ **По окончании** Великой Отечественной войны началось восстановление народного хозяйства.

❑ **По завершении** эксперимента исследователь выступит по телевидению.

☆ 단문에서 선행되는 시간(1)

с + *чего* (생격)	до + *чего* (생격)
с начала до конца **с открытия до закрытия** **с 9 часов до 12 часов**	

❑ **С октября до конца ноября** планируется использовать 32 тысячи полицейских для несения охраны во время церемонии вступления императора на трон.

❑ В этом районе **с 1935 года до окончания войны** действовал секретный завод по производству химического оружия.

Упражнения

А. Переведите фразы на русский язык, используя следующие выражения.

с	по	с - до

1. 대통령은 새해의 시작을 축하했다.

2. 모스크바에서 도착하면서 그는 완전히 변했다.

3. 11월 초부터 2월 말까지 러시아에는 눈이 덮여있다.

4. 작업이 완료되면 그는 휴식하기로 결정했다.

5. 여름 중순부터 가을 말까지 우리는 프로젝트를 준비할 것이다.

Б. Переведите следующие фразы на русский язык.

1. 전문가들은 러시아어의 상태에 대해 말했다.

2. 현대 러시아인들은 러시아어의 규범에 대해 잊고 있다.

3. 사람은 읽고 쓰지 않는다면, 그는 책을 읽을 수 없을 것이다.

4. 러시아를 웃지 않는 나라라고 부른다.

5. 러시아는 자신의 이미지를 어떻게 바꿀지 생각했다.

20 Урок

Теленовости

СТАТЬЯ 1

Послушайте новости

Колокольный перезвон в честь 1025-летия Крещения Руси звучал во всех православных храмах...

http://www.1tv.ru/news/social/238490

Выполните тест

1. Какой праздник россияне отмечают 28 июля?

А) годовщину Крещения Руси
Б) день рождения Руси
В) день России

2. Какое историческое лицо вспоминают в этот день?

А) Владимира Путина
Б) князя Владимира
В) великого князя

3. Где стартовал крестный ход на мотоциклах?

А) в Хабаровске и Екатеринбурге
Б) в Санкт-Петербурге
В) в Южно-Сахалинске

4. Где байкеры примут крещение?

А) в храме
Б) в Тихом океане
В) в городе

Слова и выражения

ко́локол	종	благове́ст	기도를 알리는 종소리
перезво́н	종소리	прихожа́нин	교구의 신도
креще́ние	세례	кре́стный ход	십자가를 따라가는 행렬
князь	공후, 왕	перезво́н в честь	~를 위한 종소리
годовщи́на	기념제	избра́ть в ка́честве	~으로 선출하다
ба́йкер	바이커(그룹을 지어 오토바이를 타는 사람들)	приня́ть креще́ние	세례를 받다
правосла́вие	정교	рели́гия	종교

Задания

1. Перескажите содержание статьи.

2. Сделайте ее письменный перевод на корейский язык.

СТАТЬЯ 2

Послушайте новости

Наши синхронистки увозят с чемпионата мира в Барселоне все золотые медали...

http://www.1tv.ru/news/sport/238482

Выполните тест

1. Какие медали они получили?

А) серебро
Б) золото
В) бронзу

2. Где проходил чемпионат?

А) в Испании
Б) в Китае
В) в России

3. По какому виду спорта проходили соревнования?

А) плавание на 100 метров
Б) прыжки в воду
В) синхронное плавание

4. Как называется номер спортсменок?

А) "Кармен"
Б) "Шанхай"
В) "Дон Кихот"

Слова и выражения

чемпиона́т	챔피언	исполня́ть	성취, 실행하다
синхрони́стка	동시통역자	сде́рживать	참아내다, 제지하다
завоева́ть	획득하다, 싸워서 얻다	эмо́ция	감동, 정서
стра́стный	열렬한, 열정적	с восто́ргом	환희로, 열광적으로
состяза́ние	경쟁, 경기, 시합	одержа́ть побе́ду	승리하다
жюри́	심사위원, 심판원	сбо́рная кома́нда	국가대표팀
сопе́рница	적수, 경쟁자	блестя́щий	훌륭한

Задания

1. Перескажите содержание статьи.

2. Сделайте ее письменный перевод на корейский язык.

СТАТЬЯ 3

Послушайте новости

Президент провел рабочую встречу с руководителем Федеральной налоговой службы...

http://www.1tv.ru/news/polit/238079

Выполните тест

1. О чем беседовал Путин?

А) о экономике
Б) о налогах и бюджете
В) о стандарте

2. Сколько собрали налогов?

А) одинаково с прошлым годом
Б) больше, чем в 2012 году
В) меньше, чем в прошлом году

3. Какой вопрос волнует Путина?

А) цивилизация
Б) прозрачность
В) деофшоризация экономики

4. С кем вел беседу президент России?

А) с Владимиром Путиным
Б) с Михаилом Мишустиным
В) с Михаилом

Слова и выражения

нало́г	세금	прозра́чный	투명하게
сре́дства	돈, 재물	цивилиза́ция	문명화
бюдже́т	예산	запро́с	질문서
прогно́з	예측	сто́лько, ско́лько и	~한 것 만큼
публи́чный	공공연한	деофшориза́ция	자유무역 제한
волнова́ть	걱정시키다	сотру́дничество	협력, 협조
аналоги́чно	유사하게, 비슷하게	соотве́тствовать	일치·상응하다

Задания

1. Перескажите содержание статьи.

2. Сделайте ее письменный перевод на корейский язык.

СТАТЬЯ 4

Послушайте новости

Дмитрий Медведев принял участие в торжественной церемонии запуска нового завода "НЛМК-Калуга"...

http://www.1tv.ru/news/polit/238083

Выполните тест

1. В чем принял участие Медведев?

А) в открытии новой отрасли
Б) в процессе производства
В) в открытии нового завода

2. Где расположен завод?

А) в Калужской области
Б) в Московской области
В) в Липецке

3. Что впечатлило премьера?

А) новые масштабы
Б) новые мощности
В) новые горизонты

4. На чем специализируется завод?

А) на нефтепродукции
Б) на пищевой продукции
В) на металлопродукции

Слова и выражения

церемо́ния	의식, 예식	прока́тный	고용된, 임대의
обеспе́чивать	생활을 보장하다, 안전하게 하다	водооборо́т	물의 유동
ула́вливать	이해하다	автомобилестрое́ние	자동차 생산, 제조
за́мкнутый	고립된, 사교성이 없는	энергоэффекти́вность	에너지 효율
цикл	주기, 연속, 사이클	сталеплави́льный	철강 제련의
сток	유출, 배출	металлопроду́кция	금속제품
о́трасль	부문, 분과, 분야	весо́мый вклад	상당한 기여

Задания

1. Перескажите содержание статьи.

2. Сделайте ее письменный перевод на корейский язык.

СТАТЬЯ 5

Послушайте новости

Со дня рождения изобретателя телевидения Зворыкина исполнилось 125 лет...

http://tvc.ru/AllNews.aspx?id=dec34d25-bf9e-44ae-ba20-242e1b7fb45f

Выполните тест

1. Сколько лет исполнилось со дня рождения Зворыкина?

А) 25 лет
Б) менее ста лет
В) более ста лет

2. Чем известен Зворыкин?

А) изобретатель телевидения
Б) тележурналист
В) телеведущий

3. Что приурочено к его дню рождения?

А) поездка в Муром и Москву
Б) открытие двух памятников
В) посещение телестудии

4. Куда он уехал из России?

А) в Европу
Б) во Францию
В) сначала в Париж, потом в США

Слова и выражения

изобрета́тель	발명가, 고안자	телеиндустри́я	텔레비전 산업
кинеско́п	(텔레비전)수상관(기)	изобрете́ние	발명품
те́рмин	용어	приуро́чен к да́те	날짜에 시간을 맞추다
изображе́ние	묘사, 표현	высокова́куумная	고진공
пате́нт	특허, 특허권	сосредото́читься	집중하다
принадлежа́ть	속한다, 관련되다	ро́дом из Росси́и	러시아 출생
расстоя́ние	거리, 간격, 차이	на стороне́ бе́лых	백군 편에서

Задания

1. Перескажите содержание статьи.

2. Сделайте ее письменный перевод на корейский язык.

ПРАКТИКА

☆ 단문에서 선행되는 시간(2)

с + *чего* (생격)	по + *что* (대격)
с января по сентябрь	
с 1941 года по 1945 год	
с сентября по декабрь	

❑ Рост инфляции в стране **с января по сентябрь** нынешнего года составил почти 94 процента.

❑ Всего **с 1969 по 1990** год на посту убит 751 представитель средств массовой информации.

за + *что* (대격)	до + *чего* (생격)
за час до открытия	
за день до начала	
за месяц до отъезда	

❑ Премьер-министр распустил перламент **за несколько месяцев до окончания** его работы.

❑ Об отмене осадного положения в стране было объявлено **за два дня до начала** кампании подготовки к парламентским выборам.

(대격) + **назад**	
три года	**назад**
век	
день	

❑ **Три года назад** для пресечения контрабанды наркотиков была создана контрольная региональная служба.

❑ Глава министерства уточнил, что известный писатель имел с ним встречу **несколько дней назад**.

(대격) + спустя	
час год месяц	спустя

- **Год спустя** власти выдвинули против активистов обвинение в нарушении общественного порядка.
- **Час спустя** после окончания мероприятия высокие гости прошли в конференц-зал.

перед + *чем* (조격)	
перед	началом закрытием конференцией

- **Перед подписанием** договора стороны провели большую подготовительную работу.
- **Перед объявлением** забастовки профсоюзы пытались добиться принятия своих требований.

накануне + *чего* (생격)	
накануне	встречи переговоров Рождества

- **Накануне переговоров** состоялась беседа между лидером оппозиции и президентом республики.
- **Накануне** российско-германской **встречи** в верхах делегация прибыла в Берлин.

☆ 복문에서 시간 표현들

1) 동시에 일어나는 행위 표현

пока

❑ **Пока** взрослые решают свои непростые проблемы, растёт детская смертность, преступность.

❑ **Пока** еще не поздно, мы просим вас задуматься о будущем страны.

в то время как

❑ **В то время как** военные вывели тяжёлое оружие из столицы, правящая партия выдвинула ряд условий, что привело к отсрочке осуществления намеченного плана.

❑ По итогам выборов второго тура за нового кандидата проголосовало 35 процентов голосов, **в то время как** за действующего президента - пока только 30 процентов.

в то время, когда

❑ **В то время, когда** был совершён поджог офиса, десятки людей видели обвинённого в этом преступлении выступающим на митинге.

❑ **В то время, когда** происходят описываемые события, директор компании возвращался из Америки.

до тех пор, пока

❑ Кинематограф будет существовать **до тех пор, пока** он будет иметь зрителя.

❑ Сердце любит **до тех пор, пока** не истратит своих сил.

2) 후행되는 행위 시간 표현

после того как

❑ Волнения вспыхнули **после того, как** в столице был обнаружен умершим при загадочных обстоятельствах лидер оппозиции.

❑ **После того как** был подписан договор, стороны поблагодарили друг друга.

через ~ после того, как

❑ Европейская конвенция о защите прав человека будет ратифицирована **через год после того, как** будут устранены различия в правовой системе этих стран.

❑ **Через неделю после того, как** туристы покинули родину, от них не поступало сообщений.

3)선행되는 행위 시간 표현

перед тем как

❑ **Перед тем как** подписать договор, главы правительств провели несколько совещений.

❑ Эксперты осмотрели предприятия **перед тем, как** вынести своё решение.

пока не

❑ Договор не будет подписан, **пока не** будет разрешён территориальный конфликт.

❑ **Пока не** решён вопрос о взаимоуступках, не может быть речи о мирном договоре.

до тех пор, пока не

❑ Договор о нераспространении ядерного оружия должен сохранить своё действие **до тех пор, пока не** станет реальностью безъядерный мир.

❑ **До тех пор пока нет** ответа со стороны оппозиции, нет возможности вынести решение по этому вопросу.

Упражнения

A. Переведите фразы на русский язык, используя следующие выражения.

с - по	за - до	назад	спустя	перед	накануне

1. 크리스마스 이브에 러시아인들은 보통 교회에 간다.

2. 회의시작 하루 전에 그는 자신의 진술을 반복했다.

3. 3년 전에 나의 친구는 러시아를 다녀왔다.

4. 1시간이 지난 후 유명한 음악가의 연주가 시작되었다.

5. 일을 시작하기 전에 그는 보통 수영장을 다녀온다.

Б. Переведите следующие фразы на русский язык.

1. 대통령의 연설은 1번 채널을 통해 방송되었다.

2. 보도에서 말한바와 같이 러시아 선수들이 1등을 차지했다.

3. 국무총리는 회사를 방문했다.

4. 대통령은 세금 문제에 관해 말했다.

5. 유명한 발명가의 기념일을 축하했다.

В. Переведите фразы на русский язык, используя следующие выражения.

пока	в то время как	в то время, когда
до тех пор, пока	после того как	через ~ после того, как
перед тем как	пока не	до тех пор, пока не

1. 그는 과제를 완수하지 않고는 산책을 하러 갈 수 없다.

2. 유명한 음악가가 연주한 후에 관객들은 오랫동안 박수 갈채를 보냈다

3. 러시아로 가기 전에 비자를 만들어야 한다.

4. 이 문제가 해결되지 않고는 미래에 대해 이야기하는 것은 어렵다.

5. 국가들이 조약을 체결하지 않으면 평화 속에서 살 수 없을 것이다.

Г. Переведите следующие фразы на русский язык.

1. 오늘은 루시의 세례 기념일이다.

2. 선수들은 "까르멘" 춤을 보여주었다.

3. 세무과는 모든 기준들을 충족한다.

4. 새로운 공장의 개관은 새로운 일자리들을 의미한다.

5. В. Зворыкин는 유명한 러시아 텔레비전 발명가이다.

해답편

1 Урок "Международные отношения"

Статья 1. Задание 1

1.	2.	3.	4.	5.	6.
Б	А	В	Б	А	Б

Статья 2. Задание 1

1.	2.	3.	4.	5.	6.
А	Б	В	А	В	Б

Упражнения

1.
1. В результате проверки выявили, что у двух пассажиров не было билетов.
2. Благодаря введению новой социальной программы правительство поможет пенсионерам.
3. В связи с открытием форума приехали иностранные гости.
4. В результате выборов победил кандидат новой партии.
5. Благодаря деятельности директора предприятие вышло из кризиса.

2.
1. Экономическое положение в России благоприятное.
2. Правительство России планирует новые реформы.
3. "Большая Восмерка" планирует продолжить борьбу с безработицей.
4. По итогам переговоров президенты договорились о сотрудничестве.
5. "Большая двадцатка" активно обсуждала экономические проблемы.

2 Урок "Политика"

Статья 1. Задание 1

1.	2.	3.	4.	5.	6.
Б	А	В	А	А	Б

Статья 2. Задание 1

1.	2.	3.	4.	5.	6.
В	А	Б	В	Б	А

Упражнения

1.
1. Из-за экономического кризиса многие предприятия закрылись.
2. Вследствие сильного наводнения жители юга России остались без домов.
3. По просьбе коллег он вернулся на работу.
4. Из-за болезни он не поехал отдыхать.
5. Они играют по правилам.

2.
1. Политическая система России устарела.
2. Президент ответил на вопросы граждан о свободе в России.
3. Политическую систему необходимо реформировать.
4. России нужна конкурентная политика.
5. Партия - важный элемент политической системы.

3 Урок "Экономика и бизнес"

Статья 1. Задание 1

1.	2.	3.	4.	5.	6.
Б	А	В	А	Б	А

Статья 2. Задание 1

1.	2.	3.	4.	5.	6.
А	Б	Б	А	В	А

Упражнения

1.
1. В память композитора состоялся концерт классической музыки.
2. Согласно рейтингу компания заняла первое место.
3. В соответствии с договором фирма должна отправить продукцию в марте.
4. В память погибших звучит гимн.
5. Согласно соглашению страны продолжают экономические реформы.

2.
1. Россия заняла 11 место в рейтинге.
2. Инвесторы активно вкладывают деньги в российские компании.
3. В России есть политическая стабильность.
4. Россия активно восстанавливает экономику.
5. Россия показала рекорд по добыче нефти.

4 Урок "Южная и Северная Корея"

Статья 1. Задание 1

1.	2.	3.	4.	5.	6.
Б	А	В	Б	А	В

Статья 2. Задание 1

1.	2.	3.	4.	5.	6.
А	Б	Б	Б	А	В

Упражнения

1.
1. Ввиду сложной ситуации в стране президент провел встречу с министрами.
2. От нехватки продовольствия голодают дети.
3. Исходя из интересов государства была закрыта эта программа.
4. Ввиду нехватки денег он вынужден работать 18 часов в день.
5. От болезней умирают люди.

2.
1. Проблема Севера и Юга требует решения.
2. Цель проекта - улучшение отношений между Южной и Северной Кореей.
3. Государства планируют сотрудничество в области транспорта.
4. Кореи договорились о сотрудничестве.
5. Северная Корея восстановила работу Красного креста.

5 Урок "Недвижимость"

Статья 1. Задание 1

1.	2.	3.	4.	5.	6.
Б	В	А	А	Б	В

Статья 2. Задание 1

1.	2.	3.	4.	5.	6.
А	Б	В	А	Б	Б

Упражнения

1.
1. За нарушение закона его посадили в тюрьму.
2. В результате того, что экономическая ситуации стала лучше, россияне задумались об отдыхе за границей.
3. Он арестован за преступление.
4. В связи с тем, что он не выполнял свою работу, его уволили.
5. Цены за аренду квартир повысились в результате того, что понизились цены на их покупку.

2.
1. Семья купила квартиру в кредит.
2. Они взяли кредит.
3. Семья военных получила жилищный сертификат.
4. Они платят наличными деньгами.
5. Цены на недвижимость упали.

6 Урок "Наука"

Статья 1. Задание 1

1.	2.	3.	4.	5.	6.
А	В	Б	Б	В	А

Статья 2. Задание 1

1.	2.	3.	4.	5.	6.
Б	В	А	А	Б	В

Упражнения

1.
1. Не надо говорить об этом, так как мы уже знаем.
2. Об открытии научного института ничего не говорили, ибо он занимался секретной работой.
3. Так как идет сильный дождь, наша поездка отменяется.
4. Ученые продолжили исследование, поскольку получили необходимые средства.
5. Развитие науки является важной задачей, так как от этого зависит будущее страны.

2.
1. Россия активно развивает научные проекты.
2. Сколково - новый научный город в России.
3. К. Новосёлов и Ж. Алфёров - нобелевские лауреаты по физике.
4. Важной задачей России является развитие новых технологий.
5. Он занимается разработкой нового проекта.

7 Урок "Технологии"

Статья 1. Задание 1

1.	2.	3.	4.	5.	6.
Б	В	В	А	Б	В

Статья 2. Задание 1

1.	2.	3.	4.	5.	6.
А	Б	В	А	Б	В

Упражнения

1.
1. Для решения этой проблемы правительство создало особую группу.
2. В целях повышения качества исследователи ищут новые пути.
3. С целью подписания договора директор посетил это предприятие.
4. Для решения проблемы нужны энергичные люди.
5. В целях безопасности полиция проверила аэропорт.

2.
1. Эта компания возникла после объединения трех компаний.
2. Современная молодежь активно пользуется интернетом.
3. Провайдеры предлагают хорошие услуги.
4. В настоящее время россияне широко используют мобильный интернет.
5. Но сеть вай-фай развита пока слабо.

8 Урок "Экология"

Статья 1. Задание 1

1.	2.	3.	4.	5.	6.
Б	А	В	А	В	Б

Статья 2. Задание 1

1.	2.	3.	4.	5.	6.
Б	В	А	Б	В	А

Упражнения

1.
1. Мы должны много думать ради будущего.
2. В интересах сторон был подписан этот договор.
3. В честь иностранного гостя состоялся официальный ужин.
4. Мы решили участвовать в мероприятии в интересах нашего университета.
5. Надо наладить взаимоотношения ради мира на земле.

2.
1. Экологическая проблема - острая проблема современного общества.
2. Жара и частые дожди - признаки экологической проблемы.
3. Из-за жары тают льды Антарктиды.
4. Жители планеты чувствуют нехватку топлива.
5. Земляне должны научиться использовать солнечную энергию.

9 Урок "Общество"

Статья 1. Задание 1

1.	2.	3.	4.	5.	6.
А	В	Б	В	Б	А

Статья 2. Задание 1

1.	2.	3.	4.	5.	6.
А	В	Б	А	В	Б

Упражнения

1.
1. Правительство подписало закон, чтобы улучшить жизнь пенсионеров.
2. Для того чтобы открыть счет в банке, вы должны предъявить паспорт.
3. С тем чтобы найти работу, он поехал за границу.
4. Президент создал специальную группу, чтобы решить вопрос безработицы.
5. С тем чтобы поехать учиться за границу, он работал два года.

2.
1. Молодежь активно строит планы на будущее.
2. Государство должно решить демографические проблемы.
3. Президент заявил о демографическом кризисе 1990 года.
4. В настоящее время демографическая ситуация в России улучшается.
5. Они находят компромисс друг с другом.

10 Урок "Происшествия"

Статья 1. Задание 1

1.	2.	3.	4.	5.	6.
Б	А	В	А	В	Б

Статья 2. Задание 1

1.	2.	3.	4.	5.	6.
А	Б	А	В	В	Б

Упражнения

1.
1. В случае потери вещи обратитесь в полицию.
2. При слушании протокола участвовали все.
3. Если судья решит так, он будет сидеть в тюрьме.
4. В случае потери паспорта сразу обратитесь в полицию.
5. При чтении болят глаза.

2.
1. Скинхед-движение стало популярным в России 7 лет назад.
2. Скинхеды не любят азиатов, африканцев и гомосексуалисов.
3. Полиция арестовала преступников.
4. Террористическая война в России началась в 1996 году.
5. Следователи допросили подозреваемого.

11 Урок "Культура"

Статья 1. Задание 1

1.	2.	3.	4.	5.	6.
В	А	Б	А	В	Б

Статья 2. Задание 1

1.	2.	3.	4.	5.	6.
А	Б	В	А	В	А

Упражнения

1.
1. В случае если пойдет дождь, концерт в парке мы проведем завтра.
2. Если бы они решили быстро, этого не случилось.
3. Несмотря на боль, актер сыграл свою роль до конца.
4. В случае если фестиваль посетит президент, подготовлена особая программа.
5. Несмотря на возраст, она прекрасно танцует.

2.
1. В Москве отрылся кинофестиваль.
2. Зрители ждали популярного актера.
3. Молодая балерина получила первую премию.
4. Премия "Золотая маска" - престижная награда в области искусства.
5. На фестивале показали кинофильм известного молодого режиссера.

12 Урок "Образование"

Статья 1. Задание 1

1.	2.	3.	4.	5.	6.
А	Б	А	В	Б	В

Статья 2. Задание 1

1.	2.	3.	4.	5.	6.
В	А	Б	А	Б	В

Упражнения

1.
1. Несмотря на то, что автобус задержался, он приехал во время.
2. Хотя Света много тренировалась, она плохо выступила на соревнованиях.
3. Открыли новое кафе, но там пока нет повара.
4. Несмотря на то, что он ездил в командировку, он выполнил свою работу до конца.
5. Хотя у него много работы, он всегда занимается спортом.

2.
1. Без высшего образования невозможно найти хорошую работу.
2. Молодежь много думает о своем будущем.
3. Технические специальности не популярны в России.
4. России нужны IT-специалисты.
5. Российская система образования изменилась.

13 Урок "Карьера"

Статья 1. Задание 1

1.	2.	3.	4.	5.	6.
В	Б	А	Б	В	А

Статья 2. Задание 1

1.	2.	3.	4.	5.	6.
Б	В	В	А	Б	Б

Упражнения

1.
1. Он всю жизнь работал на заводе.
2. В течение рабочего дня он сильно занят.
3. На протяжении жизни композитор работал над произведением.
4. Два часа продолжалась его речь.
5. В течение месяца он готовился к экзамену.

2.
1. В России не хватает IT-специалистов.
2. Абитуриенты выбирают новые технологии.
3. Чтобы стать профессионалом, надо много стажироваться.
4. В России ощущается острая проблема между мигрантами и российскими рабочими.
5. Мигранты и российские рабочие находятся в одинаковых условиях.

14 Урок "Персона"

Статья 1. Задание 1

1.	2.	3.	4.	5.	6.
А	А	Б	В	В	Б

Статья 2. Задание 1

1.	2.	3.	4.	5.	6.
Б	В	В	А	Б	А

Упражнения

1.
1. За два года он написал книгу.
2. В настоящее время эта программа очень популярна.
3. В этот день не будет собрания.
4. В ближайший период будет отрыта новая библиотека.
5. В период войны он много работал над проектом.

2.
1. Всё гениальное - просто.
2. М. Калашников создал простой, но мощный автомат.
3. Изобретение Калашникова можно сравнить с Windows Гейтса.
4. В. Ливанов - известный российский актер.
5. За роль Шерлока Холмса он получил награду от королевы.

15 Урок "Спорт"

Статья 1. Задание 1

1.	2.	3.	4.	5.	6.
А	Б	А	В	Б	А

Статья 2. Задание 1

1.	2.	3.	4.	5.	6.
А	В	А	В	А	Б

Упражнения

1.
1. В современную эпоху человек активно познает космос.
2. В эпоху Советского Союза футбольная команда часто занимала первые места на чемпионате.
3. В последние годы в России появилось много хороших спортсменов.
4. В год проведения Олимпиады ожидается большое количество иностранных туристов.
5. В век новых технологий человек может всё.

2.
1. Известный теннисист рассказал о турнире и о российском теннисе.
2. Он показал хорошую игру.
3. Молодые спортсмены тренируются за границей.
4. Зимняя Олимпиада будет проходить в Сочи в 2014 году.
5. Талисман Олимпиады активно выбирали все жители России.

16 Урок "Туризм"

Статья 1. Задание 1

1.	2.	3.	4.	5.	6.
А	Б	В	В	А	Б

Статья 2. Задание 1

1.	2.	3.	4.	5.	6.
В	Б	А	Б	В	А

Упражнения

1.
1. Он полетит в Испанию на следующий день.
2. На этот год у него большие планы.
3. Во время презентации новой программы директор поблагодарил сотрудников компании.
4. В ходе подписания договора приняли важное решение.
5. На второй день путешествия он поехал на море.

2.
1. Медицинский туризм - новое направление туризма в России.
2. В России много прекрасных курортов и здравниц.
3. Туристические маршруты вы можете выбрать самостоятельно.
4. "Золотое кольцо" - прекрасное путешествие по старинным русским городам.
5. Там вы можете увидеть храмы, соборы, монастыри.

17 Урок "Стиль жизни"

Статья 1. Задание 1

1.	2.	3.	4.	5.	6.
А	Б	В	А	Б	В

Статья 2. Задание 1

1.	2.	3.	4.	5.	6.
Б	В	А	Б	В	А

Упражнения

1.
1. При переходе к новой системе было сложно.
2. Каждый день он занимается спортом.
3. С годами он чувствовал усталость.
4. При исполнении обязанностей офицер погиб.
5. Каждое лето мы ездим на дачу.

2.
1. Многие россияне каждое воскресенье ходят в церковь.
2. Православная культура глубоко скрыта в душе русского человека.
3. Троица - один из основных православных праздников.
4. Летом многие россияне едут на дачу.
5. Дача - это не только место работы, но и место отдыха.

18 Урок "Праздники"

Статья 1. Задание 1

1.	2.	3.	4.	5.	6.
Б	В	А	Б	В	А

Статья 2. Задание 1

1.	2.	3.	4.	5.	6.
А	Б	А	В	Б	В

Упражнения

1.
1. После войны он вернулся на родину.
2. Я начал учебу с прошлой недели.
3. Через два года после войны отец пришел домой.
4. После праздника она чувствовала усталость.
5. С будущей недели начинается подготовка к экзамену.

2.
1. Новый год - любимый праздник россиян.
2. Дед Мороз и Снегурочка, запах мандаринов и ёлка - символы Нового года.
3. 23 февраля - день российской армии и праздник всех мужчин.
4. 8 марта - любимый праздник женщин в России.
5. Он долго думал о подарке на женский день.

19 Урок "Россия и русские"

Статья 1. Задание 1

1.	2.	3.	4.	5.	6.
А	Б	В	А	Б	В

Статья 2. Задание 1

1.	2.	3.	4.	5.	6.
В	Б	А	А	В	Б

Упражнения

1.
1. Президент поздравил с началом Нового года.
2. По приезде из Москвы он совсем изменился.
3. С начала ноября до конца февраля в России лежит снег.
4. По завершении работы он решил отдохнуть.
5. С середины лета до конца осени мы будем готовить наш проект.

2.
1. Специалисты говорили о состоянии русского языка.
2. Современные россияне забывают о норме русского языка.
3. Человек не будет грамотным, если он не будет читать книги.
4. Россию называют страной неулыбчивых.
5. Россия забумалась, как изменить свой имидж.

20 Урок "Теленовости"

Статья 1

1.	2.	3.	4.
А	Б	В	Б

Статья 2

1.	2.	3.	4.
Б	А	В	А

Статья 3

1.	2.	3.	4.
Б	А	В	Б

Статья 4

1.	2.	3.	4.
В	А	Б	В

Статья 5

1.	2.	3.	4.
В	А	Б	В

Упражнения

А.
1. Накануне Рождества россияне обычно ходят в церковь.
2. За день до начала конференции он повторил свое выступление.
3. Три года назад мой друг ездил в Россию.
4. Час спустя началось выступление известного музыканта.
5. Перед началом работы он обычно ходит в бассейн.

Б.
1. Речь президента показывали по Первому каналу.
2. Как говорится в сообщении, российские спортсменки заняли перое место.
3. Премьер-министр посетил предприятие.
4. Президент высказался по вопросу налогов.
5. Отметили юбилей известного изобретателя.

В.
1. Пока он не выполнил задание, не может пойти гулять.
2. После того, как выступил известный музыкант, зрители долго аплодировали.
3. Перед тем, как поехать в Россию, надо оформить визу.
4. Пока не будет решен этот вопрос, сложно говорить о перспективе.
5. Страны не будут жить в мире до тех пор, пока не подпишут договор.

Г.
1. Сегодня - годовщина крещения Руси.
2. Спортсменки показали танец "Кармен".
3. Налоговая служба соответствует всем стандартам.
4. Открытие нового завода - это новые рабочие места.
5. В. Зворыкин - известный русский изобретатель телевидения.

부 록

Ⅰ. Аннотации статей

1 Урок. Международные отношения

СТАТЬЯ 1

이 기사는 러시아의 재정 상황이 유리하지만, 원유에 대한 불안정한 가격과 세계 GDP의 약성장과 관련하여 경제에 부정적인 영향을 미치고 있다는 것을 지적한 G8 국가 지도자들의 회담에 대한 내용이다. 국가 지도자들은 실업과의 싸움을 주요 우선순위로 삼겠다는 것을 선언했다. G8은 지속 가능한 경제 회복을 촉진하기 위해 계속해서 노력해 나갈 것이다.

СТАТЬЯ 2

이 기사는 상트 페테르부르크에서 경제를 개발하는 방법들을 심도 있게 논의한 G20 국제경제 포럼에 대한 내용이다. 또한 블라디미르 푸틴은 20명의 청년 대표들과의 만남도 가졌다. 회의가 진행되는 동안 러시아 대통령은 중국과 EU의 발전하는 경제의 문제에 대해, 전체적으로 세계 경제의 문제에 대해 자신의 의견을 표명했으며, G20의 전망에 대해 높이 평가했다.

2 Урок. Политика

СТАТЬЯ 1

이 기사는 4월 25일 러시아의 대통령이 다양한 분야에서 종사하는 시민들의 질문에 대답을 하면서 어떻게 '직접적인 노선'을 행하고 있는지 설명하고 있는 대통령의 정치 노선에 관한 내용이다. 블라디미르 푸틴 러시아 대통령의 '직접적인 노선'은 러시아 연방의 주민들에게 큰 관심을 불러 일으켰다.

СТАТЬЯ 2

이 기사는 국내정책부서들을 책임지고 있는 뱌체슬라프 볼로진이 정치학자들과 정치시사적인 문제들에 대해 담화를 나누면서 "정치 체제의 재설정"에 대한 전망들에 관해 토론하는 것에 관한 내용이다. 볼로진은 정치 시스템의 추가적인 조정이 필요하다는점을 확인시켜 주었다.

3 Урок. Экономика и бизнес

СТАТЬЯ 1

이 기사는 최근 좋은 결과들을 보여 주고 있는 러시아의 석유 생산량에 관한 내용이다. 이런 좋은 결과를 가져오게 된 데에는 2가지 요인이 도움이 되었다. 그것은 반꼬르스끼 지역에서의 러시아 석유 생산량 증가와 가스프롬에서의 생산력 증가로 인한 것이다. 이러한 석유 채굴의 성장은 석유에 대한 고유가를 촉진시켰다.

СТАТЬЯ 2

이 기사는 A.T. Kearney의 자료를 바탕으로 하여, 러시아가 많은 해외 투자가들이 투자를 하기에 모든 상황들이 더욱 좋아졌다는 변모한 러시아의 경제 상황에 관한 내용이다. 정치적인 위험들에서 벗어나는 경우에 국가는 매우 신속하게 몇 년 이내에 직접적으로 외국인들이 투자하기 용이한 상위 10위 권에 진입할 것이라는 것이다.

4 Урок. Южная и Северная Корея

СТАТЬЯ 1

이 기사는 한국과 북한 대표단들이 공동 개성 공업 지대의 정상화를 위한 조건들에 동의했다는 것과 협의의 일들에 관해서 남한의 행정부에서 기자들에게 보도한 것에 관한 내용이다. 회담의 결과로 북한은 한국 기업들에게 전문가들이 북한 전문가들과 함께 개성 공단에 있는 시설을 함께 검사 할 수 있도록 허락하는 것을 양측이 합의했다.

СТАТЬЯ 2

이 기사는 러시아, 북한과 남한 사이에서 최근 몇 년 동안 남북 간에 중단되었던 교섭들이 회복하고 정지적, 경제적 수준에서 세 나라 간의 협력 강화를 촉진할 수 있도록 하기 위해 운송과 에너지 분야에 있어서 세 국가간의 프로젝트를 실현할 수 있는 전망들에 관한 내용이다.

5 Урок. Недвижимость

СТАТЬЯ 1
이 기사는 푸틴이 국가에서 20%의 주거비용을 점진적으로 감소하기 위한 정책을 메드베제프에게 위임한다는 내용에 관한 것이다. 이러한 정책을 실현시키기 위해서는 여러 전문가들과 부서들이 함께 움직이면서 작업을 해야만 된다. 분석가들에 따르면, 경쟁만이 시장 가격을 낮출 수 있으며, 건축가들에게 수익성을 보장해주어야 가격이 인상되지 않을 것이라고 한다.
СТАТЬЯ 2
이 기사는 러시아에서 부동산을 구입할 때 실행되고 있는 다양한 지불 방식들에 관한 내용이다. 여러 방식들 중 가장 인기 있는 것은 100% 현금으로 지불하여 구매하는 것이다. 그러나 최근 신용 담보, 재산 담보 계약, 주택보장계약서 등을 기반으로 하여 수행되는 새로운 형태들이 등장하여 그 비율이 증가하고 있는 추세이다.

6 Урок. Наука

СТАТЬЯ 1
이 기사는 노벨물리학상 수상자인 조레스 알페로프에 의하면 러시아에서 무엇보다 가장 중요한 과제는 과학적인 연구과 개발을 기반으로 한 첨단 기술의 생산성을 더욱 활발히 부활시켜야 한다는 것에 관한 내용이다. 현 시점에서 필요한 연구의 주요 분야들로 이 학자는 물리학, 의학, 정보 기술과 에너지 분야들을 언급했다. 그는 이러한 보고서를 <스꼴꼬보> 첫 번째 학술대회에서 발표했다.
СТАТЬЯ 2
이 기사는 2010년 노벨물리학상을 받은 수상자가 이끄는 영국의 과학자들과 러시아에서 이민 온 안드레이 게임과 꼰스딴찐 노보셀로프가 함께하는 팀이 그래핀과 불소의 새로운 주조 접종을 개발한 것에 관한 내용이다. 이 재료는 테플론과 유사하게 400도까지 고온을 견딜 수 있는 특성을 가진 소재이다. 이 자료를 통해 큰 미래를 기대해 볼 수 있다.

7 Урок. Технологии

СТАТЬЯ 1

이 기사는 러시아에서 가장 인기 있는 인터넷 서비스 및 그 서비스 제공자들을 소개한 내용이다. 이미 20년 동안 러시아 전역에서 잘 알려진 <꼼스따르> 팀이 1위를 차지하고 있다. 2위에는 통신에서 최대 규모의 망을 가지고 있는 <브임뻴꼼>이 차지했다. 분석가들이 지적한 바와 같이 현재 러시아에서는 품질과 속도에 있어서 고성능을 지닌 인터넷이 급속도로 확산되고 있다.

СТАТЬЯ 2

이 기사는 구글의 요청에 의해 J'son과 Partners Consulting 분석가들이 <러시아에서의 모바일 인터넷>에 대한 연구를 실시한 그 내용에 관한 것이다. 연구 결과에 따르면, 러시아에서 올해 상반기 말에 모바일 인터넷 사용자가 대략 40,000,000명에 달한다고 한다. 무엇보다도 고정되어 있는 PC 및 노트북들 외에도 스마트폰을 이용한 인터넷 사용자가 급증하였다.

8 Урок. Экология

СТАТЬЯ 1

이 기사는 UN의 세계 기상기구(WHO)에 따르면, 최근 10년 동안 극단적인 무더위와 강수량이 최고 기록에 도달했다는 지구 이상 기후에 관한 것이다. 새 보고서에서 세계 기상기구(WHO)는 21세기 첫 10년간을 총결산하였다. 지난 10년간 강수량에서 최고 기록을 이루었다. 거의 모든 국가들에서 급격한 기온 상승이 있었다.

СТАТЬЯ 2

이 기사는 증가하는 원료 부족이 산업화 이전 시대로 인류를 복원할 수 있다는 내용에 관한 내용이다. 현대 문명은 석유, 희귀 금속 및 인광에 따라 달라지고 있으며, 곧 이 문명은 이것들을 감당할 수 없게 될 것이다. <로마 클럽>의 사회 기관의 연구가들이 《비어있는 행성》이라는 자신의 새로운 보고서에서 이러한 결론을 내렸다.

9 Урок. Общество

СТАТЬЯ 1

이 기사는 산기 의학의 제 XI 세계 대회에서 블라디미르 푸틴이 러시아가 산기 센터 건설에 계속해서 투자를 하고 다자녀 가족을 지원한다는 정책에 관한 내용이다. 그는 지난 세기 1990년 대 초에 러시아에 있었던 인구통계학적인 위기의 부정적인 결과에 대해 경고하였고 이것을 극복할 수 있는 방법들에 대해 이야기하였다.

СТАТЬЯ 2

이 기사는 최근 러시아에서 미래에 대한 자신감과 사회적, 정치적 안정감이 특징적으로 나타나는 새로운 젊은 새대들에 관한 내용이다. 새로운 세대는 미래에 대한 계획을 대담하게 세우고 그것을 위해 앞으로 전진하는 것을 두려워하지 않는다. 또한 그들의 직업관, 세계관들도 시대의 변화와 함께 다양하며 환경에 적응하기 보다는 새로운 것에 대한 도전적인 정신을 가지고 있다.

10 Урок. Происшествия

СТАТЬЯ 1

이 기사는 스킨헤드 운동에 대한 설명과 그것이 발생하게 된 기원에 대해 소개한 내용이다. 첫 번째 스킨헤드(영어에서 온 말로 스킨헤드는 “삭발한 머리”임)는 40년 전에 영국에서 생겨났다. 스킨헤드는 자신들의 우월성을 강조하며, 게이, 마약 사용자, 아시아 및 아프리카인들을 좋아하지 않는다. 약 7년 전에 나치 스킨헤드의 유행이 러시아까지 전해졌다. 진정한 스킨헤드들을 위한 가장 적합한 장소는 축구 경기장이다.

СТАТЬЯ 2

이 기사는 모스크바에서 테러 공격을 준비하고 계획했던 국제 테러조직과 관련하여 구금된 용의자들에 관한 내용이다. 테러의 위험성 및 참상에 대한 내용과 함께 러시아에서 그러한 테러리스트들에 대한 조치 및 구금을 어떻게 하고 있는지 설명하고 있다.

11 Урок. Культура

СТАТЬЯ 1

이 기사는 모스크바에서 전통적으로 개최되고 있는 예술 시상식 부분에서 최고의 상인 “황금 마스크” 상에 대한 소개와 수상자들에 관한 내용이다. 이 상외에도 시상식에서는 다양한 장르의 상과 수상자를 알 수 있다.

СТАТЬЯ 2

이 기사는 6월 20일에서 29일까지 모스크바에서 개최한 제35 주년 모스크바 국제영화제에 관한 내용이다. 모스크바 국제영화제에 대한 가장 흥미로운 사실들을 다룬 영화 "АиФ"가 10개의 상을 받았다.

12 Урок. Образование

СТАТЬЯ 1

이 기사는 러시아에서 가장 높은 경쟁률 및 높은 점수를 요하는 의학부, 경제학부, 법학부에 대한 입학시험에 관한 내용이다. 가장 낮은 경쟁률을 보이는 것은 기술공대이다. 러시아 학생들이 대학 입시 준비 및 시험을 치는 과정을 소개하고 각 학부들에 들어가기 위해 필요한 기본적인 점수들 등을 알려주고 있다.

СТАТЬЯ 2

이 기사는 러시아의 고등 교육과 다전공을 하는 러시아 학생들에 대해 소개하고 있는 내용이다. 현대 사회에서는 대학 교육을 받지 않은 사람은 일반적으로 취업에서 부정적으로 인식되어 좋은 일자리를 찾기가 어려워졌다. 또한 대학을 졸업해도 하나의 학위를 가지고서는 좋은 곳에 취직하기가 어려운 것은 마찬가지이다. 그리하여 최근 좋은 직장을 얻기 위하여 새로운 학위 공부를 하는 경우들이 일어나고 있다.

13 Урок. Карьера

СТАТЬЯ 1

이 기사는 현재 러시아에서 높은 자격 수준을 필요로 하지 않는 일반적인 직업들에 있어 러시아인들과 이주자들 간에 심각한 경쟁이 점점 더 심화되어 가고 있는 사회 현상에 관한 내용이다. 러시아인들은 고용 권리에 있어 이주자들과 동일시하기 시작했다. 그 결과로 러시아인들은 자신의 일터에서 외국인들처럼 자기 권리를 상실하기 시작했다.

СТАТЬЯ 2

이 기사는 어떤 IT-전문성이 3-4년 후에 필요하게 될지, 그리고 어떤 IT-전문성이 멀지않은 미래에 가장 권위 있는 IT-전문성 수준을 차지하게 될 것인가에 관한 내용이다. 러시아에서 IT 산업의 발전 과정 및 전망과 최근 많은 젊은이들이 종사하고 있는 IT 산업 분야들에 대한 소개를 한다.

14 Урок. Персона

СТАТЬЯ 1

이 기사는 전설적인 발명가이자 독학자인 미하일 찌모페예비치 깔라쉬니꼬프의 단순하면서도 놀랄만한 원동력을 발휘하는 발명가의 삶에 관한 내용이다. 미하일 깔라쉬니꼬프의 발명품들이 인류사에 미친 영향을 비교해본다면, 그것은 유명한 빌 게이츠의 Windows 시스템과 필적해볼 수 있을 것이다.

СТАТЬЯ 2

이 기사는 따로 소개가 필요하지 않을 정도로 전세계적으로 유명한 러시아 연극과 영화에서 많은 연기를 펼치고 있는 러시아 배우 바실리 리바노프에 관한 내용이다. 영국의 엘리자베스 여왕은 그를 셜록 홈즈의 역에 있어서 세계에서 최고의 배우라고 극찬했으며 이에 대해 대영제국의 훈장을 수여했다.

15 Урок. Спорт

СТАТЬЯ 1

이 기사는 수상 경력이 많은 러시아 테니스 선수 미하일 유쥐느리의 독점 인터뷰 내용을 전하고 있다. 그는 윔블던 대회에서는 앤디 머레이에게 승리를 내주었는데, 최종 대회인 그랜드 슬램을 준비하고 있는 과정을 설명했다. 또한 그는 그동안 테니스 선수 생활을 해오는 동안 있었던 여러 가지 일들, 경험, 어려움 등을 이야기했다.

СТАТЬЯ 2

이 기사는 2014년 동계 올림픽과 그 올림픽의 마스코트를 뽑는 과정을 러시아 텔레비전을 통해 소개하는 내용이다. 대회의 결승전에는 11개의 후보가 발표된다. 러시아 시민들은 올림픽 경기의 가장 가치있는 상징을 선택하게 될 것이다.

16 Урок. Туризм

СТАТЬЯ 1

이 기사는 현재 러시아에서 개발단계에 있는 관광 사업 중 하나인 의료 관광에 관한 내용이다. 최근 많은 러시아 여행회사들은 그동안 주로 이루어져왔던 일반관광의 관점에서 이제는 의료관광을 고려한 프로그램들이 전망이 있다고 보고 있다. 러시아의 광대한 영토는 휴식과 치료를 위한 많은 기회를 제공한다는 것을 말해주고 있다.

СТАТЬЯ 2

이 기사는 러시아에서 유명한 문화 유적들 중 하나인 황금고리 도시들을 소개해주며, 이 도시들을 찾아갈 수 있는 멋진 여행 방법 및 각 도시에 대한 특징적인 소개를 한 내용이다. 황금고리 속에 연결된 러시아의 가장 오래되고 아름다운 도시들을 방문해 볼 수 있을 것이며. 각 이 도시들에서 보존하고 있는 고대 루시의 문화 기념비들을 볼 수 있을 것이다.

17 Урок. Стиль жизни

СТАТЬЯ 1

이 기사는 러시아의 민족의 뿌리라고 할 수 있는 러시아 정교에 관한 소개와 삼위일체 러시아 정교 교회에서 가장 중요한 축일들 중 하나인 그리스도 교회 탄생일에 관한 내용이다. 러시아에서 이 날의 전통과 축일을 어떻게 기념하고 있는지에 대해 알려준다.

СТАТЬЯ 2

이 기사는 단어 "다차"라는 단어를 들었을 때 불러일으키는 연상과 새로운 개념의 다차를 소개하는 내용이다. "다차" 단어에서 힘들고 지루하고 무거운 기억이나 연상들이 먼저 일어나는 사람들에게 새로운 "다차"에 대한 개념을 소개하고 있다. "다차에 대한 사이트"에서 자연 속에서 새로운 작은 집을 가꾸고 휴식을 취할 수 있는 새로운 시각의 다차들을 볼 수 있도록 도와준다.

18 Урок. Праздники

СТАТЬЯ 1

이 기사는 2월 23일과 3월 8일 축일날 선물을 주는 전통에 관한 내용이다. 축일 전날 많은 선물들을 고대하면서 상상에 빠져 잠이 드는데, 그래서 2월 23일을 <탈취의 날>이라고 부르는 농담이 생겼다. 또한 3월 8일은 <남자의 탈취에 대한 복수의 날>로 부른다. 이 축일들이 기억에 남는 소중한 날들로 만들 수 있길 조언해준다.

СТАТЬЯ 2

이 기사는 러시아에서 새해를 맞는 전통에 대하여, 또한 이 큰 축일의 특징들을 소개한 내용이다. 역사적인 유명한 활동가들, 작가들, 정치인들이 어떻게 새해를 맞이했는지를 알려준다. 또한 어떠한 연상 활동들이 이 날과 연관이 있는지 말해준다.

19 Урок. Россия и россияне

СТАТЬЯ 1
이 기사는 푸쉬킨의 생일 전날에 국가 두마의 의장인 세르게이 나르이쉬낀가 현대 러시아어 상태, 발전 및 입법적인 지원 문제들에 대해 논의하기 위하여 전문가, 작가 및 위원들과 함께 회의한 내용이다. 이 문제에 대한 다양한 관점들이 제기되었다.
СТАТЬЯ 2
이 기사는 세계에서 인식하는 러시아의 이미지 문제와 이미지를 가장 높은 수준으로 끌어올릴 수 있는 방법들에 대해 논의한 내용이다. 연구가들은 러시아를 "웃지않는 국가"라고 부른다. 하지만 이러한 이미지를 개선하기 위해서는 그것이 왜 그렇게 나쁜지를 이해하는 것이 중요하다. 이 문제는 연구할 필요가 있다는 점을 언급하고 있다.

20 Урок. Теленовости

СТАТЬЯ 1
루시의 세례 기념일에 대한 기사이다. 7월 28일날 국가 종교로 정교를 선택했던 대공후 블라지미르를 상기시켜주고 있다.
СТАТЬЯ 2
바르셀로나 세계 선수권 대회에서 러시아 선수들이 금메달을 획득한 것에 대한 보도이다. 스페인 관객들은 큰환호로 우리 팀의 열정적인 춤 "카르멘"을 맞아주었다.
СТАТЬЯ 3
세금 징수와 러시아의 예산에서 자금들이 사용되는 방법에 대해 블라지미르 푸틴과 미하일 미쉬스찐이 말한 내용을 전하는 보도이다.
СТАТЬЯ 4
드미트리 메드베제프가 새로운 공장 <NLMK - 칼루가>의 취임식에 참가한 것에 대한 보도이다.
СТАТЬЯ 5
러시아의 기술자이자 텔레비전 발명가인 블라지미르 즈보르이낀을 회상하는 내용이다. 월요일이 그가 125살이 되는 생일이다.

Ⅱ. Статьи (20과 Теленовости)

СТАТЬЯ 1

Колокольный перезвон в честь 1025-летия Крещения Руси звучал во всех православных храмах

Сегодня - годовщина крещения Руси. 28 июля вспоминают великого князя Владимира - как раз он избрал православие в качестве государственной религии.

Во многих городах с востока на запад колокола православных церквей звучали особым, 15-минутным благовестом. Так было, например, в Хабаровске, Екатеринбурге и Санкт-Петербурге. Праздничные службы собрали тысячи прихожан.

А в Южно-Сахалинске от главного городского храма стартовал необычный крестный ход на мотоциклах - байкерские организации устроили пробег, в финале которого участники примут крещение в Тихом океане.

Первый канал, 28 июля 2013 года
http://www.1tv.ru/news/social/238490

СТАТЬЯ 2

Наши синхронистки увозят с чемпионата мира в Барселоне все золотые медали

Российские синхронистки завоевали всё золото чемпионата мира в Барселоне. Испанские зрители с восторгом встретили "Кармен" - страстный танец в исполнении нашей команды.

Сегодня девушки выступали в комбинированной программе. В этом виде состязаний в воде одновременно находятся десять спортсменок, которые по очереди исполняют номера соло, в дуэте и в группе. Блестящее выступление девушек не оставило соперницам шансов. После того, как было объявлено решение жюри, они не сдерживали эмоций.

"Они молодцы, как никогда молодцы. Вы понимаете, у нас каждая команда - победители. Каждая команда несёт что-то своё. И это прекрасно, потому что каждая девочка, которая в сборной выступает, это уже лидер: лидер в спорте, лидер в жизни", - сказала главный тренер команды Татьяна Покровская.

Таким образом, российская сборная повторила своё достижение чемпионата мира в Шанхае. Девушки вновь собрали всё первые места в синхронном плавании, одержав семь побед подряд.

Первый канал, 28 июля 2013 года
http://www.1tv.ru/news/sport/238482

СТАТЬЯ 3

Президент провел рабочую встречу с руководителем Федеральной налоговой службы

О том, как идёт сбор налогов и какие средства поступают в российский бюджет, говорили сегодня Владимир Путин и Михаил Мишустин.

Глава Федеральной налоговой службы доложил Президенту, что по итогам первого полугодия собрано около 5 с половиной триллионов рублей, почти столько, сколько и в прошлом году. Аналогичный прогноз и на второе полугодие. Ещё одна тема, которая волновала Владимира Путина, - как идёт работа по деофшоризации российской экономики.

"Вопрос связан с проблемой, о которой я уже неоднократно говорил публично, это придание нашей экономике более цивилизованного характера, придание большей прозрачности. Я знаю, что и Вы с коллегами по этому вопросу много говорили, когда собирали в Москве Ваших коллег из многих стран мира. Как идёт эта работа сейчас, работа по деофшоризации?", - интересуется В. Путин.

"Налоговая служба Российской Федерации соответствует тем стандартам обмена и тем требованиям, которые выдвигала ОЭСР (Организация международного сотрудничества и развития) в международной практике, международным стандартам. С точки зрения общих усилий, без сомнения, это должно делаться только на двусторонней основе. То есть в случае запросов абсолютно аналогично, мы требуем этого, должны относиться эти страны и к нашим запросам", - сообщил Михаил Мишустин.

Первый канал, 23 июля 2013 года
http://www.1tv.ru/news/polit/238079

СТАТЬЯ 4

Дмитрий Медведев принял участие в торжественной церемонии запуска нового завода "НЛМК-Калуга"

Новые рабочие места, качественная металлопродукция для нужд центрального региона и весомый вклад в экономику. В Калужской области запущен ещё один завод "Новолипецкого металлургического комбината". В церемонии открытия принял участие Дмитрий Медведев. Он пообщался с рабочими и ознакомился с образцами продукции.

Отдельно премьер остановился на том, что технологии, которые применяются на этом предприятии, обеспечивают небывалый уровень энергоэффективности и экологичности. В частности, газоочистные системы способны улавливать не менее 99 % выбросов в атмосферу, а замкнутый цикл водооборота полностью исключит сброс промышленных стоков в реки.

Премьер подчеркнул, что впечатлен тем, что увидел на заводе, заметив, что "это абсолютно современное производство, высокотехнологичное, что особенно важно для металлургического комбината, чистое, наверное, самое чистое в нашей стране". Дмитрий Медведев отметил, что благодаря созданию новых предприятий создаются и новые рабочие места.

Впечатляют и мощности нового завода: сталеплавильные - полтора миллиона тонн в год, прокатные - около миллиона. Главные потребители: строительная индустрия, отрасль металлопереработки, трубное производство и автомобилестроение.

Первый канал, 23 июля 2013 года
http://www.1tv.ru/news/polit/238083

СТАТЬЯ 5

Со дня рождения изобретателя телевидения Зворыкина исполнилось 125 лет

Представители телеиндустрии сегодня вспоминают Владимира Зворыкина - русского инженера, изобретателя телевидения. В понедельник исполнилось 125 лет со дня его рождения. К этой дате приурочено открытие сразу двух памятников знаменитому инженеру: в его родном городе Муроме и в Москве, в парке рядом с телецентром "Останкино".

Имя Зворыкина известно всем, кто интересуется техникой. "Кинескоп", - это его термин, - появился после создания высоковакуумной трубки, передающей изображение на расстоянии. На её основе выпускались телевизоры вплоть до 90-х годов прошлого века.

Владимир Зворыкин родом из России. Закончил Петербургский университет, в Гражданскую войну воевал на стороне белых, учился в Париже, потом уехал в Америку. Зворыкину принадлежит более 100 патентов на различные изобретения. Во время Второй Мировой он занимался разработкой приборов ночного видения и авиабомб с теленаводкой, а в мирное время ученый сосредоточился на медицинской электронике.

ТВЦ, 29 июля 2013 года

http://tvc.ru/AllNews.aspx?id=dec34d25-bf9e-44ae-ba20-242e1b7fb45f

참고문헌

Российские средства массовой информации (СМИ)

газеты	
Коммерсантъ	www.kommersant.ru
Ведомости	www.vedomosti.ru
Известия	www.izvestia.ru
Труд	www.trud.ru
Российская газета	www.rg.ru
Аргументы и факты (АиФ)	www.aif.ru
Комсомольская правда	www.kp.ru
Московский комсомолец	www.mk.ru
Литературная газета	www.lgz.ru
Моя семья	www.moya-semya.ru
журналы	
ГЕО	www.geo.ru
Профиль	www.profile.ru
Огонёк	www.kommersant.ru/ogoniok
Космополитен	www.cosmo.ru
Здоровье	www.zdr.ru
Деньги	www.kommersant.ru/money
CHIP	www.ichip.ru
Хакер	www.xakep.ru
7 дней	www.7days.ru
телеканалы	
Россия2	www.russia2.tv
Первый канал	www.1tv.ru
ТВЦ	www.tvc.ru
новости в интернете	
Голос России	www.rus.ruvr.ru
Вести	www.vesti.ru
Интерфакс	www.interfax.ru
РИА Новости	www.ria.ru
Про дачу.ру	www.sait-pro-dachu.ru
STZ	www.STZ.ru

안녕 시사 러시아어
Привет! Русский язык

2013년 9월 1일 초판 인쇄

2025년 1월 10일 3쇄 발행

저 자	최윤희, Бриченкова Е. С.
발 행 인	송기수
발 행 처	**도서출판 GS인터비전**
편 집 처	**도서출판 GS인터비전**
편 집	송진우
인 쇄	트윈벨미디어
등록번호	제 313-2011-120 호
I S B N	979-11-5576-003-1 (94790) 978-89-97231-84-3 (세트)

주 소	서울 은평구 증산로 15길 69 2층
전 화	02-976-7898
팩 스	02-6468-7898
홈페이지	gsintervision.kr
E-Mail	gsinter7@gmail.com

정가 28,000원